GW00738745

Amelie Fried

geboren 1958, moderierte nach ihrem Studium zahl-
reiche Fernsehsendungen, darunter «Live aus dem
Alabama», «Live aus der Alten Oper», «Stern-TV»
und «Kinderella». Derzeit ist sie Gastgeberin der
Talkshow «III nach Neun». Sie wurde mit dem
Grimme-Preis, dem Telestar-Förderpreis und dem
Bambi ausgezeichnet. Sie schrieb Geschichten über
ihre Kinder («Die Störenfrieds», «Neues von den
Störenfrieds») sowie Drehbücher und Erzählungen. Ihr erstes Kinderbuch «Hat Opa einen Anzug
an?» wurde mit dem Deutschen Jugendliteraturpreis
ausgezeichnet. 1996 erschien ihr erster Roman,
«Traumfrau mit Nebenwirkungen», und 1998 «Am
Anfang war der Seitensprung», die beide auf Anhieb
zu Bestsellern wurden. Die Autorin lebt mit ihrer Familie bei München.

Amelie Fried (Hg.)

Wann bitte findet das Leben statt?

Rowohlt Taschenbuch Verlag

32.–43. Tausend Januar 2000

Originalausgabe
Veröffentlicht im Rowohlt
Taschenbuch Verlag GmbH,
Reinbek bei Hamburg, September 1999
Copyright © 1999 by Rowohlt Taschenbuch Verlag GmbH,
Reinbek bei Hamburg
Einzelrechte siehe Quellenverzeichnis auf Seite 224
Alle Rechte vorbehalten
Umschlaggestaltung
Barbara Hanke/Cordula Schmidt
(Foto: Tony Stone Images/Betsie van der Meer)
Satz Sabon und Officina PostScript (PageOne)
Gesamtherstellung Clausen & Bosse, Leck
Printed in Germany
ISBN 3 499 22560 3

Inhalt

Vorwort

Amelie Fried

WANN BITTE FINDET DAS LEBEN STATT?

Eigentlich frage ich mich das, seitdem ich denken kann. Als Kind glaubte ich, die Antwort sei: Wenn ich erwachsen bin. Dann würde bestimmt dieses aufregende Leben beginnen, das all die Erwachsenen um mich her lebten.

Erwachsen sein hieß, daß man Auto fahren durfte, daß man selbst entscheiden konnte, wann man zu Bett ging, und daß man über gewisse geheimnisvolle Dinge Bescheid wußte, über die Kinder noch nichts wissen sollten. (Was das im einzelnen für Dinge waren, wußte natürlich auch ich nicht.)

Ich war ganz sicher, daß es losginge, das Leben, wenn ich erst die magische Schwelle des Erwachsenseins überschritten haben würde. Getröstet von dieser Gewißheit, überstand ich meine wohlbehütete, bürgerliche Kindheit, die sich für meinen Geschmack durch einen eklatanten Mangel an Abenteuern auszeichnete.

WANN BITTE FINDET DAS LEBEN STATT?

Mit sechzehn riß ich von zu Hause aus. Die nächtliche Zugfahrt durch die DDR nach Berlin, die ständige Angst, von der Polizei aufgegriffen zu werden – das alles war schon mal nicht übel. Mein Ausflug endete trotzdem nach sechs Wochen. Nein, nicht weil ich es nicht geschafft hätte. Ich hatte mir schon einen Job besorgt und ein Zimmer.

Aber der Junge, bei dem ich wohnte, ließ immer sein unabgewaschenes Geschirr stehen, und ich ahnte düster, daß mein Leben eine falsche Richtung nehmen würde, wenn ich anfangen würde, für ihn abzuspülen.

Als ich endlich Auto fahren durfte, selbst entscheiden konnte, wann ich zu Bett gehen wollte, und über gewisse Dinge Bescheid wußte, fühlte ich mich leider kein bißchen erwachsen. Noch immer fragte ich mich, wann mein Leben endlich so aufregend werden würde, wie ich es mir als Kind vorgestellt hatte.

Endlich konnte ich tun und lassen, was ich wollte; ich hatte eine eigene Wohnung und ein Auto. Und was wollte ich? Ich wußte es nicht. Also hockte ich tagsüber in Vorlesungen und abends in Kneipen, wie alle anderen auch. Die größte Aufregung war das Schwänzen der Statistik-Klausur und gelegentliche Spontanfahrten an den Gardasee. Ja, sollte ich vielleicht drogensüchtig werden, oder kriminell, damit mein Alltag etwas abenteuerlicher verlief?

WANN BITTE FINDET DAS LEBEN STATT?

Vielleicht, so dachte ich, mußte ich erst bestimmten Menschen begegnen, durch die mein Leben aufregend werden würde. Menschen männlichen Geschlechts, vermutete ich. Sicher war es die Liebe, die jene Aufregung bringen würde, nach der ich mich sehnte.

Tatsächlich gab es kaum etwas Besseres, als den phantastischen Kick des Verliebtseins. In diesen Momenten, in denen ich eins war mit dem anderen, mit mir und der Welt, dachte ich manchmal, ich hätte es gefunden. Aber nach einer Weile kam immer die Ernüchterung. Und mit ihr die altbekannte Frage.

Über der Suche nach einer Antwort wurde ich älter.

Fünfundzwanzig, achtundzwanzig, dreißig ... Die Sehnsucht blieb. Ich führte ein Leben auf Probe. Das eigentliche, das wirkliche Leben lag noch vor mir, da war ich ganz sicher. Ich heiratete, wurde Mutter. Das ist es, dachte ich. Jetzt, spätestens jetzt, bist du doch wohl endlich erwachsen. Du hast Verantwortung für ein anderes Leben. Du hast einen gesellschaftlichen Status. Du hast einen Beruf, ein Eigenheim, eine Steuernummer.

Aber das ersehnte Gefühl stellte sich nicht ein. Ich betrachtete mit einem gewissen Staunen dieses, mein Leben, das äußerlich scheinbar dem Erwachsenenleben aus den Träumen meiner Kindheit entsprach, aber es kam mir vor wie das Leben einer anderen Person.

Gelegentlich beobachtete ich mich selbst beim Stillen oder Wickeln und rechnete aus, daß ich bei einer durchschnittlichen Stilldauer von sechs Monaten mein Kind ungefähr siebenhundertmal stillen und bei einer durchschnittlichen Windeltragezeit von drei Jahren über viertausendmal wickeln würde. Ich dachte an diesen Satz, den ich nur aus Frauenzeitschriften kannte: «Das kann doch nicht alles gewesen sein.»

Ich war nicht unglücklich, kein bißchen. Ich war zufrieden, manchmal sogar ein bißchen stolz. Aber irgendwo tief in mir schlummerte weiter diese Ahnung, daß das eigentliche, das wirkliche Leben noch vor mir läge. Ich wunderte mich nur manchmal, wie lange es auf sich warten ließ.

Ich kriegte ein zweites Kind. Siebenhundertmal stillen, viertausendmal wickeln. Außerdem arbeiten, Geld verdienen, meinen Mann lieben, Freunde treffen, manchmal (viel zu selten) verreisen und insgeheim immer ein bißchen warten.

WANN BITTE FINDET DAS LEBEN STATT?

Die Antwort ist so einfach und gleichzeitig so verdammt kompliziert. Wir alle kennen sie, jeder von uns. Aber wie soll man begreifen, daß unser Leben jetzt stattfindet, genau in diesem Moment, während wir stillen, wickeln, die Essensreste aus dem Kochtopf kratzen, in einem Verkehrsstau stecken, die Kleider vom letzten Sommer einmotten, einen Artikel schreiben oder die Steuererklärung ausfüllen.

Das soll unser Leben sein??? Eine Aneinanderreihung unspektakulärer Momente, nur hie und da unterbrochen von einem Höhepunkt, meist nur einem Höhepünktchen?

Ne, ne, so haben wir nicht gewettet. Unser Leben sollte doch Glanz haben, Größe und Einzigartigkeit. Es sollte uns und anderen den Atem rauben, es sollte in jedem Momet was Besonderes sein, ungefähr so wie im Kino, nur besser.

Was ist da bloß schiefgegangen? Liegt's am Leben, diesem widerspenstigen, geizigen Ding, das uns einfach nicht geben will, was wir von ihm erhoffen?

Oder liegt der Fehler bei uns? Erwarten wir vielleicht einfach zuviel und verträumen so unsere besten Jahre, in der Hoffnung auf ein besseres Morgen?

«Der Weg ist das Ziel», trösten uns die Philosophen. Ja, ja, schon klar. Aber es gibt solche und solche Wege. Dornige verwinkelte Pfade mit allerhand Stolperfallen und nur wenig Verpflegungsstationen. Und breite Prachtstraßen mit applaudierendem Volk auf beiden Seiten und alle paar Meter einem Erfrischungsstand. Die Suche nach dem richtigen Weg kann reichlich Zeit und Nerven kosten, und dabei hofft man die ganze Zeit, erst auf dem Zubringer zur Lebensautobahn zu sein.

Was ist das nur für eine Sehnsucht, die uns immer und immer vorantreibt, von der wir nicht einmal genau sagen könnten, worauf sie sich eigentlich richtet, und die in uns allen drinsteckt?

In diesem Buch finden sich ganz unterschiedliche Geschichten von ganz unterschiedlichen Autorinnen, die, jede auf ihre Art, eine Antwort suchen auf diese Frage. In jeder Geschichte ist sie spürbar, diese Mischung aus Hoffnung, Ahnung und Gewißheit, daß schon morgen alles anders sein kann, daß es ein ganz anderes Leben geben könnte, ganz nah bei unserem, daß wir etwas Besonderes verdient haben. Sie ist es, die uns vorantreibt, die uns jeden Tag von neuem nach dem eigentlichen, dem wirklichen Leben suchen läßt.

«Bis heute», schreibt Felicitas Hoppe, «träume ich nachts davon, daß der Tag kommt, an dem ich aufwache und weiß, daß jetzt alles fertig ist, daß es so sein soll und niemals anders ...» In ihrer autobiographisch gefärbten Erzählung beschreibt sie, wie sie und ihre Schwestern schon ganz früh festlegten, wie ihr Leben einmal auszusehen hätte: «... wir hatten uns darauf geeinigt: Wenn wir erst einmal alles besitzen, den Mann, das Haus, das Auto, den Hof, dann beginnt das wirkliche Leben.» Doch dann demontiert sie die einstigen Gewißheiten, indem sie ihre Mutter zu den erwachsen gewordenen Töchtern sagen läßt: «Das hätte ich gar nicht gedacht, daß ihr auf dieses Leben hereinfallt, ich hätte es euch doch sagen müssen. Daß auf gar nichts Verlaß ist, schon gar nicht auf diese Phantasie ...»

Auch in dem sehr persönlichen Text von Fanny Müller spiegelt sich die jugendliche Überzeugung, das Leben werde mit allerhand Sensationen aufwarten: «Während meiner Schuljahre als Backfisch – Teenager gab es noch nicht – war mir immer klar gewesen, daß eines Tages noch etwas ganz Wunderbares auf mich zukommen würde.» Und gegen Ende heißt es lakonisch: «Festzuhalten ist, daß das wunderbare Leben, das ich vor mir hatte, jetzt zum größten Teil hinter mir liegt.»

Leben, Lust und Literatur verschmelzen in Binnie Kirshenbaums an einen unsichtbaren Gesprächspartner (wohl ihren Analytiker) gerichteten Bekenntnissen. Beißend (selbst)ironisch reflektiert sie die Perspektiven eines jüdischen Mädchens aus dem amerikanischen Großbürgertum, das die «falschen» Bücher liest und sich deshalb gelegentlich fragt, wie ihr Leben noch hätte verlaufen können. «Andererseits, wenn ich ‹Goodbye, Columbus› nicht zu jener einen bestimmten Zeit gelesen hätte, würde ich heute vielleicht ein himmlisches Leben in einem Palast der Suburbs führen, mit meinem Netten-Jüdischen-Ehemann und unseren beiden hinreißenden Kindern, dem Prinz und der Prinzessin Junior. (...) Ich sag Ihnen, wessen Schuld das ist. Es ist Philip Roths Schuld, daß nicht ein Tag vergeht, an dem ich mich nicht frage, ob und wo ich fehl ging.»

Sylvia Szymanskis junge Ich-Erzählerin flüchtet sich in eine rotzig-ablehnende Haltung dem Leben gegenüber: «Die Zeit vergeht, das Leben auch, und irgendwann ist's überstanden.» Mit liebenswerter Lakonie stellt sie fest: «Welches Potential an Bosheit in mir ich unausgeschöpft lasse! Ich könnte vieles so sehr hassen.» Aber an anderer Stelle heißt es dann doch: «Ich will keinen Spaß! Ich will was Ernstes, Richtiges.»

Die jüngste Autorin dieser Anthologie ist die Schweizerin Zoë Jenny, deren Debütroman über die Ablösung von den Eltern «Das Blütenstaubzimmer» große Aufmerksamkeit erregt hat. Vielleicht ist es kein Zufall, daß gerade sie einen der ernstesten Texte vorgelegt hat, in dem die vage Sehnsucht nach dem Leben herunterdividiert wird zur Sehnsucht nach einer einzigen Person und in dem das Leben sich vorerst aufs Überleben reduziert.

«Nach einigen Tagen sah sie beim Duschen die Hüftknochen unter der Haut durchschimmern. Aimeé stellte sich vor, daß sie unter der Haut aus Glas sei und ihre Knochen etwas Helles und Durchsichtiges sein müßten. Aimeé schwebte durch die Gänge. Nachts lachte sie im Schlaf auf, wie nach einem entscheidenden Sieg.»

Ein eindringliches Protokoll vom allmählichen Verlust aller Sehnsucht ist der Text von Grit Poppe, in dem ein junges Mädchen und ihre Pflegemutter abwechselnd ihre Version des Scheiterns erzählen; des Scheiterns an sich selbst und an den Verhältnissen. «Doch, ich habe versucht, sie zu mögen», sagt die Pflegemutter, «ich habe ihre Hausaufgaben kontrolliert und ihr hin und wieder Süßigkeiten gekauft, wenn sie welche wollte. Ich habe sogar ein Sparbuch für sie angelegt. Ich habe versucht, so zu tun, als wäre sie unsere Tochter.» «Klar, habe ich sie immer für meine Mutter gehalten», sagt das Mädchen. «Für wen sonst? (...) Daß mein Vater in Wirklichkeit mein Opa war, erfuhr ich erst, als er im Sarg lag.»

Françoise Cactus erzählt vom rührend-komischen Versuch der Provinzpflanze Germaine, dem Chaos des Lebens mit Zahlenmagie beizukommen. Sie fährt voller Hoffnungen nach Paris, um eine neue Stellung anzutreten. «Die Hausnummer in der Rue de Rennes 114 stellte ebenfalls kein Hindernis dar, denn vier und vier ergibt acht minus eins ergibt sieben.»

Auch Germaine ist nicht gefeit gegen die Sehnsucht, die sich in ihrem Fall auf den gutaussehenden Hausherrn richtet. Natürlich scheitert sie, aber sie gibt die Hoffnung nicht auf: «Montags beginnt immer mein neues Leben. Also, ab zum Gare de Lyon!»

In Doris Dörries lapidar überschriebener Erzählung «Glück» erfahren wir von den scheinbar harmlosen Glücksmomenten einer Generation, die einerseits immer zynischer wird, sich andererseits immer verlorener fühlt. «All diese Menschen mit ihren engen, kleingeschrumpften Herzen unter ihren teuren Hemden löffelten den Yin-Yang-Pudding in sich hinein, als könnte er sie retten.» Die scheinbar einfache Frage nach dem glücklichsten Moment des Tages legt innerhalb einer Gruppe junger Leute allerhand (Lebens)-Lügen bloß, was gleichermaßen komisch wie beklemmend ist.

Die Geschichten dieses Bandes (es sind bei weitem noch nicht alle) machen große Lust aufs Lesen. Und aufs Leben.

Darauf, immer wieder aufs neue auszuloten, wo es sich denn nun versteckt, das eigentliche, das wirkliche Leben. Ob es nicht gerade die scheinbar unspektakulären Momente sind, in denen wir es zu fassen kriegen könnten, wenn wir nur wach und aufmerksam genug sind.

Übrigens ist mir mal wieder folgendes klargeworden: Ein echter Vorteil des Älterwerdens liegt darin, daß die Zeit immer kostbarer wird. Kein Widerspruch, nein. Wer wenig Zeit hat, hat keine Zeit zu verlieren. Endlich füllen sich die Slogans unserer Jugend mit Leben: Wann, wenn nicht jetzt? Wer, wenn nicht ich?

WANN BITTE FINDET DAS LEBEN STATT?

Ganz einfach: Immer dann, wenn wir ihm die Chance dazu geben. Wer jetzt nicht loslegt, ist selbst schuld.

Liebe Leserin, lieber Leser, mir hat es großen Spaß gemacht, diese Texte zusammenzustellen. Und ich bin sicher, Sie werden ebensoviel Spaß bei der Lektüre haben!

Ihre

Amelie Fried

Der Fund

Edith Beleites

Als Barbara Junghans eines Morgens den halboffenen Aktenkoffer ihres Mannes mit einem leisen Fluch aus dem Weg kicken wollte, war ihre Welt noch in Ordnung. Wieder mal hatte Robert das Ding achtlos zwischen Schreibtisch und Balkontür stehenlassen, mitten in seinem Arbeitszimmer, und Barbara wußte, daß auch noch mal zwölf Jahre Ehe ihr nicht helfen würden, Roberts Schludrigkeit zu begreifen. Es war nicht nur dieser ewig irgendwo herumstehende Aktenkoffer, es waren auch Millionen von herumliegenden Zigarettenschachteln, Kleidungsstükken, Notizzetteln, Essensresten, Zahnbürsten, Werkzeugen, Flaschenkorken, Kämmen, Schlüsseln und Schuhen, benutzten Taschentüchern, unbeschrifteten Videobändern und offenen Schranktüren, die das Universum ihres Mannes säumten.

Später konnte sie gar nicht sagen, was sie daran gehindert hatte, diesen Aktenkoffer mit einem Fußtritt in Richtung Schreibtisch zu befördern, wo er hingehörte. Vielleicht hatte sie aus den Augenwinkeln das Glitzern darin gesehen. Vielleicht war es aber auch nur eine Ahnung gewesen. Oder sie hatte es einfach endgültig satt, ihm ständig hinterherzuräumen oder, wenn er wieder mal spät dran war, auf Zuruf schnell alles für ihn zusammenzusuchen, was er mitnehmen wollte. Jedenfalls hielt sie im Schwungholen inne, stellte das trittbereite Bein wieder auf den Fußboden und beugte sich über den Aktenkoffer. Was um so merkwürdiger war, als es sie überhaupt nicht interessierte, was ihr Mann in seinem Aktenkoffer bei sich führte, denn sie kannte den Inhalt dieses Koffers seit Jahren: zwei oder drei mehr oder weniger aktuelle Ausgaben des SPIEGEL, in denen Robert unbedingt noch irgendwas nachlesen wollte, die Ersatzschachtel Zigaretten – es mußte seit zirka zehn Jahren dieselbe sein, und Barbara hatte sich schon oft Roberts Gesicht vorgestellt, wenn er sich tatsächlich mal eine dieser völlig ausgedörrten Zigaretten anstecken sollte –, eine bunte Sammlung von Feuerzeugen, keins davon gehörte Robert, und eine ebenso bunte Sammlung von Kugelschreibern, auch hiervon keiner Roberts. Und im «Dokumentenfach» natürlich das Foto von Stefan, dem Erstgeborenen, aufgenommen bei seinen ersten Schritten. Fotos von Sina und Tim hatte Robert nie besessen. Seine Wahrnehmung von den Kindern Nummer zwei und drei war nach Barbaras Beobachtung ohnehin so vage, daß auch Fotos sie nicht geschärft hätten. Aber Stefan – auf Stefan war Robert stolz. Sein Sohn! Seit er ihn in die Welt gesetzt hatte, war Robert ein richtiger Mann. Ein Buch hatte er schon geschrieben, und einen Baum glaubte er während eines verkifften Aufenthaltes in der Toscana gepflanzt zu haben. Sehr deutlich war seine Erinnerung an jene Reise zwar nicht, aber erstens war es die Zeit gewesen, in der man Bäume pflanzte, «um Zeichen zu setzen» und «mit der Natur eins zu werden», und zweitens hatten alle anderen aus dem Kreis der ehemaligen Toscanareisenden – mittlerweile war die Toscana für den Plebs, und Cuba war angesagt – immer wieder gerne von der Baumpflanzaktion erzählt.

Mit sicherem Griff und ohne hinzusehen, fischte Barbara das Babyfoto aus dem Aktenkoffer. Daß es immer an derselben Stelle steckte, ließ vermuten, daß Robert es sich nie ansah. Wozu auch? Der Fakt als solches, der Nachweis seiner Mannwerdung – darum ging es, und diese Funktion erfüllte das Foto, auch ohne daß er es betrachtete. Das Wissen um die bloße Existenz dieses Fotos genügte Robert wahrscheinlich, um sich zufrieden zurückzulehnen und sich genüßlich eine Zigarette anzustecken. Barbara hingegen konnte dieses Babyfoto nicht ansehen, ohne immer gleich das ganze hohle Brimborium von Buch und Baum mitzudenken, obwohl sie zugeben mußte, daß man damals eben so drauf war, sie selbst auch. Dann konzentrierte sie sich auf das Foto und lächelte bitter. «Tja, Stefan», murmelte sie. «Das war der Tag, an dem dein Vater dich mal angesehen hat. Er mußte. Denn er mußte ja dieses Dokument anfertigen.»

Und erst als sie das Foto zurücklegte, sah sie die goldene Parfumschachtel und den Zettel mit der Telefonnummer. Der Zettel war nicht irgendein Zettel, sondern knallrot und herzförmig.

Barbara schloß die Augen, ging vor dem Aktenkoffer in die Knie und setzte sich langsam auf den Fußboden. Ganz still saß sie da, ganz leer, die Augen immer noch geschlossen. Als sie sie wieder öffnete, blickte sie noch einmal in den Aktenkoffer. Richtig. Da war das Parfum, ein Eau de irgendwas. Alles in Barbara sträubte sich dagegen, genauer zu ergründen, um welche Duftnote es sich handeln mochte. Da sie mit Gerüchen eigen war, galt zwischen Robert und ihr die Abmachung, daß Barbara sich ihre Parfums immer selbst auswählte und kaufte. Es stand also fest: dieses Päckchen war nicht für sie bestimmt. Das genügte ihr als Information. Und dann war da noch die Telefonnummer. Auf dem Herzchenzettel. Barbara faßte sich an den Kopf. Ihr wurde schwindelig. Ein Wirbel von Dutzenden unzusammenhängender Gedanken und Gefühle stürmte gleichzeitig auf sie ein.

«Reg dich bloß nicht auf! Bloß nicht aufregen!» ermahnte sie sich selbst. Aber das nützte nichts. «Verdammte Scheiße!» hörte sie sich im nächsten Moment durch die Wohnung brüllen. «Dieser verdammte Scheißkerl!»

Ihr nächster Impuls war, Parfum und Zettel, aber auch die drei SPIEGEL und alles andere aus dem Aktenkoffer zu reißen und in Roberts Arbeitszimmer damit um sich zu schmeißen. Das aber ging nicht, denn in der linken Hand hielt sie immer noch die Schale mit Belli, Vergißmeinnicht und Narzissen, die sie in der Küche bepflanzt hatte und auf den Balkon stellen wollte. Sie starrte auf den Blumentopf und begann, hysterisch zu lachen. Das ist nicht wahr, dachte sie. Das kann nicht wahr sein! Du radelst zum Wochenmarkt, kaufst Blumen, für die sich kein Mensch außer dir interessiert, wühlst in Torf und Erde herum, arrangierst das Ganze, taperst durch Roberts Saustall zum Balkon, den du nicht mal erreichen kannst, ohne dir mühsam einen Weg durch Roberts ganzes Gerümpel zu bahnen, um ... WAS? Was wolltest du damit erreichen? WAS? Daß Robert es schön hat und Erleichterung verspürt, wenn er, von wichtigen Gedanken erdrückt, seinen gepeinigten Blick durch die Balkontür schweifen läßt? Bitte, soll er sie haben, seine Blumen!

Barbara riß den Aktenkoffer bis zum Anschlag auf und drückte den Topf hinein. Die Narzissen knickten um, Torf und Erde lockerten sich und fielen über den Topfrand auf das Sammelsurium in Roberts Aktenkoffer.

Als Barbara sah, was sie angerichtet hatte, kamen ihr die Tränen. Gleichzeitig fühlte sie eine unbändige Wut in sich aufsteigen. Zerstörungswut. Mit einem Satz kam sie wieder auf die Beine und blickte sich wild in Roberts Zimmer um. Sie beugte sich zum Schreibtisch vor, fuhr mit einer Hand über die Arbeitsplatte und fegte die Fläche, die sie mit dieser einen ausladenden Bewegung erreichen konnte, frei. Dann machte sie ein paar stürmische Schritte auf Roberts Devotionalienregal zu und hob die Hände. Aber bevor sie Bilderrahmen, Blechschachteln, Bierkrüge, die Buttonsammlung und all die einfach nur so aus der Hand gelegten Dinge, die gar nicht in dieses Regal gehörten, herausriß, um auch damit um sich zu schmeißen, hielt sie inne. Wer muß den ganzen Dreck denn hinterher wieder saubermachen, dachte sie.

Sie ließ die Arme sinken, atmete ein paar Mal tief durch und beschloß, sich einen Tee zu kochen und in Ruhe darüber nachzudenken, was eigentlich passiert war und wie es weitergehen sollte. «Vielleicht ganz gut», sagte sie auf dem Weg zur Küche zu sich selbst, so wie sie in letzter Zeit öfter mal mit sich selbst sprach, wenn es den lieben langen Tag über kein anderer tat. «War ja mal nötig, Bilanz zu ziehen.» Es wäre ihr allerdings lieber gewesen, das in Ruhe und mit einer konstruktiven Grundhaltung zu tun. Denn so ehrlich war sie vor sich selbst, um zu sehen, daß von Ruhe keine Rede sein konnte, wenn sie wußte, daß Robert neuerdings (Neuerdings? Wie lange ging das eigentlich schon?) Parfums, die nicht ihre waren, und Telefonnummern auf Herzchenpapier mit sich führte.

Sie setzte das Teewasser auf. «Die Telefonnummer …», murmelte sie, «fing sie nicht mit einer Sieben an?» Sie ging zurück in Roberts Zimmer, beugte sich über den Aktenkoffer und kramte den albernen Zettel aus dem Torf/Erde-Gemisch heraus.

Es war eine Sieben. Sieben … sieben …, überlegte Barbara. Wir kennen doch niemanden mit einer Siebenernummer … WIR! In diesem Fall geht es ja wohl nicht um UNS! Aber wo ist das? Hausen? Bargstedt? Fiersen? Irgendwo im Südwesten der Stadt. Jedenfalls weit genug, um vor ungewollten Begegnungen sicher zu sein. Nicht, daß die Wohlriechende und ich uns noch beim Bäcker um das letzte Baguette zanken! Wobei sie wahrscheinlich sogar weiß, wie ich heiße und wie ich aussehe. Robert hat sich bei ihr doch bestimmt lang und breit über mich ausgemärt! Die Nummer *Frustrierter Ehemann macht seiner neuen Flamme den Quell seines Unglücks begreiflich*, womöglich mit Beweisfoto.

Barbara war drauf und dran, sich in einen Riesenhaß auf ihre unbekannte Konkurrentin hineinzusteigern, als der Wasserkessel pfiff. Der Gedanke, die Unbekannte anzurufen, streifte sie nur ganz kurz, weil ihr im selben Moment eine Schlagerzeile durch den Kopf schoß – *Marlène, eine von uns beiden muß nun geh'n –*, und sie dachte: Mich mit dieser Frau auf eine Stufe stellen? Niemals! Angewidert schmiß sie den Zettel in den Aktenkoffer zurück und rannte in die Küche. Den dampfenden Tee vor sich auf dem Küchentisch wurde sie wieder ruhiger und dachte dann doch recht solidarisch über ihre Nebenbuhlerin nach. «Welche von uns beiden wohl der Glückspilz ist?» fragte sie und zupfte die Gardine am Küchenfenster gerade. «Ich meine, direkt gratulieren kann man der Dame mit dem exklusiven Zettelgeschmack ja wohl nicht. Wahrscheinlich stehen in ihrer Wohnung auch sämtliche Schranktüren offen, wenn Robert sich nach einem lauschigen Stündchen von ihr verabschiedet. Und die Seife liegt auf den Badezimmerfliesen. Und der Aschenbecher neben dem Bett quillt über.»

Barbara griff nach der Teetasse und pustete über das viel zu heiße Getränk. Verärgert mußte sie feststellen, daß die Schadenfreude, mit der sie auf ihre Konkurrentin zu blicken versuchte, sich nicht so recht einstellen wollte, denn ihre Gedanken umkreisten immer wieder und immer intensiver das Geschehen VOR dem Moment, in dem die Bedauernswerte sich inmitten all der Verwüstungen wiederfand, die Robert in Null Komma nichts anzurichten wußte – ob in der eigenen oder in fremden Wohnungen, das spielte für ihn überhaupt keine Rolle. Immer wieder kamen ihr Bilder vor Augen, von sich und Robert ... wie sie sich kennengelernt hatten ... ihr erstes Mal ... die Woche auf Amrum, in der sie praktisch überhaupt nicht aus dem Bett gekommen waren ... die Geschenke, die er ihr damals gemacht hatte ... Worte, die er zu ihr gesagt hatte. Barbara seufzte und nahm einen Schluck Tee, um sich für das zu wappnen, was in der Chronologie ihrer Ehe dann gefolgt war. Die viel zu frühe Schwangerschaft, dann Stefans Geburt, noch bevor Robert und sie auch nur ein Jahr lang das Leben zu zweit hatten genießen können ... wiederum viel zu schnell folgte Sina ... später dann Tim, den sie praktisch exklusiv für sich hatte, weil Robert inzwischen ganz und gar in seinen Beruf abgetaucht war und alles Familiäre zur Muttersache erklärt hatte – außer am Wochenende und natürlich Ostern und Weihnachten.

Sex hatte seitdem auch kaum noch stattgefunden. Jedenfalls nicht so wie früher. Nicht daß Barbara das besonders bedauerte, dafür war sie meist viel zu müde und oft auch innerlich zu weit von Robert entfernt, aber was sie doch sehr vermißte, war Zärtlichkeit, Nähe, die alte, bedingungslose, großgefühlige Hingezogenheit. «Da hast du ja einen klasse Moment erwischt, um dir das klar zu machen!» Barbara schob die Teetasse von sich weg und sah nach dem Regal, auf dem die Alkoholflaschen standen. «Nein!» sagte sie erschrocken. «Sag mal, spinnst du?»

Sie stand auf und begann, ziellos durch die Wohnung zu wandern. Zuerst regte sie sich über die Sachen auf, die die Kinder gleichmäßig im Flur verstreut hatten – Inlineskates, ein Springseil, Murmeln, ein Basketball, Sinas Koffer mit Barbiegarderobe und natürlich sechs einzelne Hausschuhe (Roberts nicht mitgerechnet). Einen Blick in die Kinderzimmer wagte Barbara gar nicht erst zu werfen. Im Wohnzimmer das gleiche Chaos mit anderen Mitteln: halbvolle Müslischale, eine Kissenburg. Barbara ließ sich aufs Sofa sinken, schluchzte auf und begann zu weinen. Erst still und verzweifelt, dann krampfartig und immer heftiger, bis sie mit einem bestialischen Schrei vom Sofa aufsprang und ruhig stehenblieb.

Als nächstes hörte sie sich im Idiom ihrer Mutter sagen: «So, Babsi, und getzt klärsse ma, wat eigenzlich is und watte eigenzlich willz!» Sie ging ans Fenster, stützte die Hände aufs Fensterbrett und starrte nach draußen, ohne etwas zu sehen. Ihre Gedanken flogen nur so dahin. Hat er also 'ne andere. Ist es gut oder schlecht, daß er dir nichts davon sagt? Was willst du eigentlich überhaupt noch von ihm? Außer daß er den ganzen Laden hier finanziert. Was ist er eigentlich außer schlampig? Nett. Okay, nett ist er. Nett sind Timmis Benjamin-Blümchen-Kassetten auch. Was noch? Witzig und geistreich. Witzig und geistreicher als Benjamin Blümchen. Und was noch? Reden kann man mit ihm. Und zuhören kann er sogar auch. Wenn er will. Das ist doch was! Und dann hattest du ja auch immer gedacht, er sei zuverlässig. Zuverlässig schlampig und zuverlässig treu. Aber das war ja wohl nichts. Oder ist es normal, daß sich ein Kerl nach zwölf Jahren Ehe mal was nebenbei gönnt? Wie ernst ist die ganze Sache überhaupt? Du solltest Lisa anrufen. Die hat das doch schon hinter sich. Mehrmals. Lisa wird doch schon nervös, wenn ihr Gerold mal nichts nebenbei hat, weil er dann immer bei IHR ankommt. Nein! Nie und nimmer erzählst du das jemandem, auch nicht Lisa. Lisa schon gar nicht. Das hier ist kein harmloser 08/15-Störfall. «Es geht um MEINEN Mann, verdammt! Um MEIN Leben!» schrie sie plötzlich und erschrak über die Heftigkeit ihres Ausbruchs.

Sie kippte das Fenster, atmete kurz die frische Luft ein

und nahm ihre Wanderung durch die Wohnung wieder auf. Sie war jetzt so aufgebracht, daß sie sich bewegen mußte. Sie ging schnell, achtete nicht auf die herumliegenden Sachen und drehte eine Runde nach der anderen. Dabei sprach sie laut vor sich hin, ohne das noch zu merken.

«Mein Leben! Was IST mein Leben? Was ist Roberts Leben? Wie sensationell kann die Zwischenbilanz einer Familie mit Kindern im dreizehnten Ehejahr sein? Und warum muß ich jetzt überhaupt bilanzieren – und sei's nur *zwischen*? Nach welchen Bewertungskriterien? Sexuelle Erfüllung? Niveauvolles Freizeitleben mit Kino, Konzerten, Theater? Ausuferndes Sozialleben mit Parties, Parties, Parties? So gesehen, müßten wir allerdings Konkurs anmelden. Aber wir waren, verdammt noch mal, angetreten, eine Familie zu sein. Das ist nun mal kein Spaziergang, solange die Kinder noch so klein sind wie unsere. Es ist nicht fair, mitten in dieser Phase nach persönlicher Selbstverwirklichung zu fragen! Herrgott noch mal, wir haben drei fröhliche, aktive Kinder, die sogar in der Schule angenehm auffallen und ihren Vater lieben, obwohl er viel und lange arbeitet. Und wir haben das Wochenendhaus, wo wir uns alle, ALLE inklusive Robert, so oft herumräkeln, wie es geht, UND UNS MITEINANDER WOHL FÜHLEN, wie ich immer dachte – außer daß da auch so viel und so lange herumgeschlampt wird wie hier zu Hause. Und du hast, wenn auch nur stundenweise, den Wiedereinstieg in deinen alten Beruf geschafft, du bist kein Muttchen, das Mann und Kindern schon lange nichts mehr zu bieten hat als ein frommes Gute-Nacht-Gebet!»

Vor dem großen Garderobenspiegel im Flur blieb Barbara stehen. «Trau dich nur!» sagte sie böse zu sich selbst. «Sieh dich an!» Und sie sah sich an. «Tautropfen sind das nicht gerade, die da von dir abperlen», stellte sie fest. Und abgesehen von den Spuren ihrer gerade überstandenen

Weinattacke mußte sie zugeben, daß sie nicht mehr aussah wie vor fünf, geschweige denn zwölf Jahren. «Robert aber auch nicht», sagte sie trotzig und überlegte, ob seine Neue wohl ein flotter junger Feger war oder eine Frau mehr in ihrem eigenen Alter. Letzteres war ihr eine unerträgliche Vorstellung, während die von dem flotten jungen Feger lediglich an ihrer Eitelkeit kratzte und in erster Linie ein ziemlich erbärmliches Licht auf Robert warf.

«Mein Gott!» stöhnte Barbara und wanderte wieder durch den Flur. «Soll's das gewesen sein? Wegen dieser Hupfdohle soll hier alles vorbei sein?» Andererseits, überlegte sie, hatte Robert bis jetzt nichts von Vorbeisein gesagt. Es war bloß ein heimliches Verhältnis, eins von Zigtausenden in der gesamten zivilisierten Welt. «Aber kann ich das hinnehmen?» fragte sie sich wieder laut. «Kann ich damit leben?» Sie kam wieder am Garderobenspiegel vorbei und sah sich ernst und forschend ins Gesicht. Dann schüttelte sie den Kopf. Nein, auf keinen Fall! Sie legte den Kopf schief und fragte ihr Spiegelbild fast belustigt: «Und warum? Noch heute morgen hast du doch so getan, als sei Robert für dich lediglich eine Arbeitsbeschaffungsmaßnahme!»

Barbara ging in die Küche zurück, nippte an ihrem Tee und stützte dann den Kopf in die Hände. Sie merkte, daß zwei parallele Gedankenstränge sich gegenseitig paralysierten. Der eine war der Versuch, ihr Verhältnis zu Robert zu definieren. Der andere kreiste um die fremde Frau, mit der Robert intim genug war, um ihr Parfum zu schenken, und sie mußte feststellen, daß Eifersucht die Oberhand gewann. «Verletzte Eitelkeit», murmelte sie. «Das bringt dich auch nicht weiter. Und klärt nicht die Frage, ob es sich lohnt, diesen ganzen Familienzirkus mit der bisherigen Stammbesetzung aufrechtzuerhalten.» Aber je konzentrierter sie nachzudenken versuchte, um so deutlicher merkte sie, daß sie mit dem Wissen um Roberts heimliches Verhältnis keinen klaren Gedanken fassen konnte.

«Ist doch alles Quatsch!» stieß sie wütend hervor, als ihr Blick auf die Eckbank fiel, wo jemand eine Illustrierte mit lauter schönen Menschen auf dem Titelblatt liegengelassen hatte. «Als ob es darum ginge, daß es bei uns zugeht wie bei Frau Sommer, wenn sie Jacobs Krönung serviert!» Sie sah auf die Uhr. Noch drei Stunden, bis Timmi nach Hause kommen würde. «Und solange soll ich hier sitzen und grübeln?» Sie schüttelte den Kopf und dachte: Vielleicht sollte ich Robert heute abend ganz direkt auf das Thema ansprechen, einfach so, ohne Plan, wie es aus mir rauskommt. Dann seh ich ja, was passiert. Und in der Zwischenzeit sollte ich schlicht und ergreifend zur Tagesordnung übergehen.

«Nutzt ja nix», imitierte sie ihre Mutter, ging unglücklich in den Flur und machte sich ans Aufräumen.

Sie sammelte gerade die Murmeln neben dem Telefon ein, als sie plötzlich innehielt und sagte: «Sag mal, was machst du hier eigentlich? Bist du bescheuert? Tim kullert Murmeln durch den Flur, und DU sammelst sie auf?» Sie warf die Murmeln, die sie bereits in der Hand hielt, wieder weg, sah ihnen nach, als sähe sie diese Dinger zum ersten Mal, und richtete sich auf. Im selben Moment klingelte das Telefon, so daß sie den Hörer noch während des ersten Signals abhob, was sie augenblicklich bedauerte, weil sie das Gefühl hatte, in ihrer momentanen Geistesverfassung mit niemandem reden zu können.

«Barbara?» Es war Roberts Stimme, und Barbara erschrak so sehr, daß sie immer noch nichts sagen konnte. Das war aber auch nicht nötig, denn wer sollte sich mitten am Vormittag sonst zu Hause melden? Und da Robert es ohnehin eilig hatte, sprach er gleich weiter. «Bin ich froh, daß du da bist! Ich bin wahnsinnig unter Termindruck und müßte längst unterwegs sein, aber mir ist gerade eingefallen, daß ich dieses dusselige Dankeschön-Geschenk für den Werbefritzen, diesen Homann, zu Hause vergessen habe. So 'ne goldene Packung, weißt du, in meinem Aktenkoffer. Was anderes als Rasierwasser ist mir leider nicht eingefallen. Es wäre wirklich besser, wenn du dich in Zukunft wieder mehr um diese Sachen kümmern könntest, du hast einfach ein besseres Händchen für so Menschliches und Zwischenmenschliches. Jedenfalls klingelt es jetzt gleich bei dir an der Tür. Das ist ein Kurierfahrer. Dem drückst du das Ding einfach in die Hand. Die Adresse von dem Werbefritzen hat er, bezahlt ist die Tour auch schon. Du brauchst ihm also nur die Schachtel in die Hand zu drücken. Das heißt, es wäre natürlich besser, wenn du sie vorher ein bißchen nett einpackst, so mit dem ganzen Schnickschnack, den du an Geschenke immer drum und dran bindest, vielleicht mit 'ner frischen Blume drauf. Hast du welche im Haus? Eventuell blüht ja schon was auf dem Balkon. Na ja, du machst das schon. Ich muß dann. Tschö! Halt, stop! Der Homann weiß ja gar nicht, was das soll. Also bitte, schreib noch schnell ein Kärtchen dazu! Aber achte drauf, daß du meine Handschrift nachmachst und als Robert unterschreibst, sonst denkt der noch, du willst was von ihm! Also, mach hinne! Der Kurierfahrer muß, wie gesagt, jeden Moment bei dir klingeln. Bin schon weg. Doppel-Tschö!»

Barbara stand noch mit dem Hörer in der Hand da, als der Kurierfahrer tatsächlich wenige Augenblicke später klingelte. Sie wußte nicht, ob sie lachen oder weinen sollte. Aber da der Bote nun mal da war, mußte sie sowohl das eine als auch das andere auf später verschieben. Wie unter Hypnose wickelte sie das Rasierwasser, nachdem sie es unter dem Blumentopf hervorgezogen und von Torf und Erde befreit hatte, in gelbes Geschenkpapier. Auf grünes Tonpapier schrieb sie mit Goldstift und in Roberts Handschrift einen Dank mit besten Grüßen von Robert, schnitt zwei der geknickten Narzissen ab und band sie mit grünem und gelbem Bast auf das Päckchen. Daß der Bote vor Ungeduld von einem Fuß auf den anderen trat und alle zehn Sekunden auf die Uhr sah, bemerkte sie nicht.

Als sie dem davonfahrenden Kurierwagen vom Wohnzimmerfenster aus nachsah, fühlte sie sich wie nach einem Marathon. Sie merkte, daß sie Hunger und Durst hatte. Langsam ging sie zur Küche. Vor Roberts Zimmer blieb sie kurz stehen. Der Zettel. Der Herzchenzettel. Barbara schüttelte den Kopf. Sie war sich ziemlich sicher, daß sich dafür eine genauso banale Erklärung finden würde wie für das Rasierwasser – wahrscheinlich eine noch viel banalere. Noch wahrscheinlicher war, daß Robert ein zweites Mal anrufen und nach der Telefonnummer fragen würde, oder er würde sie bitten, ihm einen unangenehmen Anruf unter dieser Nummer abzunehmen. Und selbst wenn, dachte Barbara, selbst wenn eine andere Frau dahintersteckt ... «Dann haben wir eben um so mehr miteinander zu besprechen», murmelte sie trotzig und kniff die Augen zusammen. «Komm du mir heute abend nach Hause, Robert Junghans!» sagte sie grimmig. «Zwölf Jahre verheiratet, einen Haufen Fehler gemacht UND keine Ahnung, wo man steht!» Wieder schüttelte sie den Kopf und setzte ihren Weg zur Küche fort.

Montags fängt immer mein neues Leben an

Françoise Cactus

Meine erste Reise in die Hauptstadt fand an einem Sonntag statt. In dem mich wiegenden Zug las ich immer wieder die Kleinanzeige aus der «Bourgogne Républicaine» und entzifferte dabei die Symbole, die sich zwischen den Zeilen, Wörtern, Silben und Buchstaben versteckten. Ich studierte auch den Metro-Plan:

> *Voici Paris, Bonne Nouvelle,*
> *die Pont Marie und die Chapelle.*
> *Paris, das ist der Tour Eiffel,*
> *das Moulin Rouge und Saint-Michel,*
> *Réaumur-Sébastopol,*
> *wo aber versteckt sich die «Coupole»?*

Dort hatte ich eine Verabredung mit Herrn Desjardins. Auf dem Plan fand ich Pigalle und das Champs de Mars, aber nicht den Boulevard Montparnasse.

Dennoch war ich zuversichtlich. Sieben Nadeln hielten meinen Haarknoten. Sieben sorgfältig ausgewählte Kleidungsstücke hatte ich an. Um genau zu sein, waren es nur sechs: eine «Playtex»-Korsage, eine leichte Seidenbluse, zwei offene Sommersandalen, eine Shetlandjacke mit Perlmuttknöpfen und ein schöner grauer Rock. Mit dem Accessoire – meiner schwarzen Handtasche – ergab das sieben, und sieben Sachen steckten ebenfalls in der Handtasche. Immer wieder stellte sich die schwierige Frage, ob man nur den Inhalt oder auch die Hülle berechnen soll. Meistens ist jedes Objekt dazu berechtigt, sieben weitere Bestandteile oder Attribute zu besitzen: ein Rock – sieben Falten, eine Strickweste – sieben Knöpfe, eine Kette – sieben Perlen, oder besser: sieben Reihen Perlen. Sieben ist meine Glückszahl. Drei und vier, Gott und die Welt.

Zu meinem Entsetzen kam der Zug verspätet in Paris an. Weil ich mich im lauten Wirrwarr des Gare de Lyon kaum zurechtfand, nahm ich ein Taxi. Die Sonne schien. Am Eiffelturm fuhren wir leider nicht vorbei, statt dessen gerieten wir in einen Stau. Die Automobilisten betätigten ihre Hupen und beschimpften sich gegenseitig, und ich redete auf den jungen Taxifahrer ein, er möge sich durchdrängeln, ich hätte eine Verabredung von großer Bedeutung. Er zuckte mit den Schultern und nannte mich «ma petite madame». Das Trinkgeld sparte ich mir. Am Boulevard Montparnasse ließ ich den Blick über die Terrasse der «Coupole» wandern. Die Gäste beobachteten mich auf eine befremdliche Art. Ich entdeckte einen Mann im beigen Anzug, der sich mit der «Bourgogne Républicaine» Luft zufächerte. Vergebens versuchte ich, die runden Tische zu zählen und bat um Entschuldigung, wenn ich an einem vorbeilief.

«Germaine Dupuits, es tut mir leid ... Der Zug ...»

«Richard Desjardins ... Aber es macht doch nichts ... Bitte setzen Sie sich ...»

Ich besitze die Gabe, die Buchstabenzahl eines Wortes sofort zu erkennen. R-i-c-h-a-r-d. Ich unterdrückte ein Lächeln.

Gern hätte ich ein Vittel mit Pfefferminze getrunken,

doch Herr Desjardins bestellte einen Anislikör für mich. Der Mann war in den besten Jahren, hatte gute Manieren und Charme. Sobald sich unsere Augen begegneten, drehte ich den Kopf weg und starrte auf die Schultern der anderen Gäste oder auf meine Handtasche. Herr Desjardins überflog meinen Empfehlungsbrief. Aus Angst, an seine Füße zu stoßen, zog ich die Beine unter den Stuhl. Er sagte, seine Tochter sei noch in einem Ferienlager in den Sables-d'Olonne, und ich bräuchte deshalb meine Stellung nicht sofort anzutreten. Ich bestand jedoch darauf, am nächsten Morgen anzufangen. Montags beginnt eine Arbeitswoche. Beim Abschied behielt Herr Desjardins meine Hand ungewöhnlich lange in der seinen.

Einmal im richtigen Viertel angekommen, wollte ich es nicht wieder verlassen und fand in der Rue de l'Odéon eine Pension, die entsetzlich teuer war. Ich wusch mich lange, blieb dann am offenen Fenster sitzen und betrachtete im hellen Mondschein die skelettartigen Silhouetten der Fernsehantennen auf den Häusern von Paris. Der Himmel war mit Sternen übersät. Ich hoffte auf eine günstige Konstellation. Gegenüber der Pension befand sich das Antiquariat «Shakespeare and Company», dessen Holzfassade so alt war wie die Apotheke meines Dorfes. Morgen würde ich dort «Lady Chatterley's Lover» kaufen. Wer würde schon davon erfahren?

Herr Desjardins wohnte im VI. Arrondissement, was eigentlich nichts Gutes verhieß, denn in dreifacher Ausführung ist die Sechs die Zahl der Bestie. Wiederum befand sich seine Wohnung im ersten Stock, was, wenn man die Lage optimistisch betrachtete – und das tat ich –, das Ganze gerade bzw. ungerade rückte, denn sechs und eins ergibt sieben. Die Hausnummer in der Rue de Rennes,

144, stellte ebenfalls keinerlei Hindernis dar, denn vier und vier ergibt acht minus eins ergibt sieben.

Das bürgerliche Haus mit Portal und Balkonen gefiel mir auf Anhieb. Ich ging an einem Concierge vorbei, der den sauberen Flur fegte und meinen Gruß mit mißtrauischem Blick erwiderte. Als ich die Treppe hinaufstieg, zählte ich leise die Stufen und – was sonst nie passierte – verzählte mich dabei. Verunsichert läutete ich.

«Sehr pünktlich!» sagte Herr Desjardins und reichte mir die Hand. «Steht Ihr Koffer noch unten? Soll ich ihn hochtragen?»

«Nein. Er wird in den nächsten Tagen gebracht.»

Niemals hätte ich das Schicksal gereizt und noch vor meinem Vorstellungsgespräch den Koffer mitgenommen.

Herr Desjardins ließ mich vor ihm in die Wohnung gehen. Ich weiß, daß ich eine graue, dennoch nicht unattraktive Erscheinung bin, – besonders von hinten. Ich spürte seinen Blick auf meinem eleganten Rock, dessen neunundvierzig Zentimeter langer Schlitz meine schlanken Schenkel durchblitzen ließ.

«Fühlen Sie sich wie zu Hause!»

Er mußte zu einer Konferenz und verabschiedete sich mit einem Lächeln.

Ich sah mich in der üppigen Wohnung um. Die Fenster reichten bis zum Fußboden. Es gab keine Zimmerpflanzen. Das teure Mobiliar, die schweren Samtvorhänge und die unzähligen Bücher waren vollkommen eingestaubt, und beim Anblick des ergrauten Parketts aus dünnen Brettern, zwischen denen sich «Schmutzschafe» drängten, hörte ich die Stimme meiner Mutter: «Wenn die Ecken den Besen sehen wollen, sollen sie näher treten!»

In meinem Zimmer hing über dem schmalen Bett eine Marie-Laurencin-Reproduktion. Spinnweben entfernte ich mit meiner Handtasche.

In der Küche nagelte ich sieben Haken in die Wand. Ich schrubbte die Bratpfannen und Kochtöpfe und hing sie der Größe nach geordnet auf. Sorgfältig wusch ich mir die Hände. In einem der leuchtenden Vierecke, die ein gelber Sonnenstrahl auf den Tisch zeichnete, stand ein Obstkorb. Verfaulte Früchte warf ich weg, die übrigen ordnete ich so, daß sie wie eine kleine Armee aussahen. Erneut wusch ich mir die Hände. Dann putzte ich die Fliesen des Küchenbodens mit «Eau de Javel», bis ich plötzlich gegen ein Bein stieß. Es war das Bein von Herrn Desjardins.

Meinen Schreck fing er durch ein reizendes Lächeln auf.

«Sie sind ja eine richtige Hausfee ... Kommen Sie ...»

Wenn er lächelte, erhellte sich sein Gesicht, ja, die Farbe seiner Haut änderte sich, als hätte ihn ein Sonnenstrahl getroffen.

Sicher begehrte er von mir mehr als einen geschrubbten Boden, und ich bat darum, mich im Bad kurz erfrischen zu dürfen. Mit neu gebundenem Haarknoten, frisch gekämmten Augenbrauen und etwas parfümiertem Reispuder auf den Wangen erschien ich im Salon. Er lud mich zu einem Aperitif ein. Ich fragte nach einer «Suze», er servierte mir einen Portwein. Dann erzählte er von seiner Tochter, die er als ungewöhnlich selbständig, reizend und nur gelegentlich launisch beschrieb. Wir einigten uns darauf, daß der letzte Charakterzug an ihrem Alter lag. Sie war zwölf.

Nachdem Herr Desjardins wieder gegangen war, lehnte ich mich ans Fenster und betrachtete die herankommende Nacht. Lauwarme Luft strömte in den Salon. Über den bläulichen Schieferdächern war der Himmel blaurosa, und die verworrenen Geräusche der Stadt erinnerten an einen Männerchor. Unten waren die Schaufenster noch grell beleuchtet. Der Schein einer Laterne zitterte auf dem Haus gegenüber. Hinter einem Vorhang zwei Schatten, die kamen und gingen.

Ich sah nach, ob etwas unter meinem Bett lag. Es ist mir außerordentlich wichtig, daß sich unter meinem Bett nichts befindet, sonst kann ich nicht schlafen. Hunger quälte mich, doch scheute ich den Gang in die Küche. Beim Einschlafen sah ich Herrn Desjardins vor mir, seinen großen, geraden Körper, seine elegante Kleidung, sein Lächeln.

«Sie sind eine Hausfee», klang es in mir nach.

Herr Desjardins drückte mir einen Geldschein in die Hand, bevor er zur Arbeit ging.

«Das Wetter ist herrlich heute! Machen Sie einen Spaziergang, Germaine.»

«Ja, Monsieur», sagte ich nur. Wie aufmerksam von ihm!

Vor dem Concierge machte ich kehrt, ging noch einmal hoch und überprüfte, ob ich abgeschlossen hatte. Auf der Rue de Rennes umging ich mit Bravour die Leiter eines Baugerüsts und paßte zudem auf, nicht auf die Fugen des Bürgersteigs zu treten. Durch die große Anzahl der nach bunten Parfums riechenden Passanten war das nicht leicht. Der Turm von Montparnasse, der den Eiffelturm gern überragt hätte, stand in der Ferne. Ich fand ihn häßlich.

Ich spazierte an der Seine entlang, lehnte mich an ein Geländer. Schwarze Bäume spiegelten sich in dem Fluß, auf dem leichte Wellen spielten. Die dunklen Flecken verformten sich, ein «Bateau-mouche» voll glotzender Touristen glitt vorüber. Vor einem Lebensmittelgeschäft stand ein Schaugestell mit Obst und Gemüse. Sieben glänzende Äpfel kaufte ich dort. Das Abbild meines ovalen Gesichts zeigte sich in dem Schaufenster, hinter dem Fleischstücke an Haken hingen.

Ich trat in ein gelbes Bistro. An der Theke saßen stille, neugierige Wesen, die mich musterten. Die Kaffeemaschine pfiff und spuckte Dampf aus. Mit dem schnellen Blick eines Stieres sah ich mich um und nahm in einem Winkel Platz, weit entfernt von der Eingangstür. Da sich sowohl vor wie hinter mir Spiegel befanden, verschwand mein Gesicht in immer kleineren Reflexionen.

Man hatte meinen Koffer geliefert! Welch eine Freude, mich endlich umzuziehen, jedes Objekt liebevoll in die Hand zu nehmen und es wie ein Haustier zu streicheln. Jeder Gegenstand besaß eine besondere Bedeutung: Dieser war ein Souvenir, eine Erinnerung an meine Mutter, jener ein Talisman, ein wahrer Glücksbringer. Nach einem wohldurchdachten Prinzip, das Maß, Zahl und Gewicht berücksichtigte, räumte ich mein Hab und Gut im neuen Zimmer ein, wusch meine Hände, bügelte meine Taschentücher und legte mich anschließend hin. Ein Sonnenstrahl fiel auf mein Bett, und ich sah dichte Staubreihen darin aufsteigen.

Ich fegte den Salon, schnitt Gemüse für ein Ratatouille, und dann lud Herr Desjardins mich in ein Restaurant ein. Ich lehnte ab. Er insistierte.

Unsere Schritte waren aufeinander abgestimmt. Sie bildeten den rhythmischen Hintergrund zu Adam und Eva, Romeo und Julia, Samson und Delila, Richard und Germaine.

Im «Montparnasse» speisten wir wie die Fürsten. Gern hätte ich Muscheln gegessen, doch Herr Desjardins bestellte mir Hummer. Nachdem ich einen Aperitif, vier Glas Wein und einen Likör getrunken hatte, fühlte ich mich hundsmiserabel. Auf dem Rückweg mußte Herr Desjardins mir seinen Arm geben.

«Germaine, möchten Sie noch einen Champagner?»

«Oh nein!» rief ich.

Dabei hätte ein siebtes Glas mich vielleicht gerettet. Nun brachte er mich zu meiner Zimmertür.

«Wird's gehen?» fragte er besorgt.

Ich sagte nichts, denn ich fürchtete zu lallen.

Am nächsten Abend wiederholte sich die Szene, doch deponierte er mich am Ende in einem der Sessel im Salon und entkorkte rasch eine Flasche Champagner.

Wie gute alte Freunde unterhielten wir uns über die sieben Künste und Wissenschaften. Mein Hausherr mit dem Sonnenscheinlächeln ermunterte mich, ihn zu duzen. Wir sprachen und sprachen, und der Sekt prickelte in unseren Mündern. Herr Desjardins roch nach Eau de Cologne und Tabak. Ich fürchtete, mein Lippenstift würde ihm nicht schmecken, denn er war so alt, daß er immer mehr einem Stück Seife ähnelte. Eine Haarnadel löste sich und glitt auf den Teppich. Ich hielt die Augen geschlossen. «Richard...» Es war kaum ein Flüstern. Nur meine Lippen deuteten seinen Namen an.

Auf einmal kam Richards Tochter von Les-Sables-d'Olonne zurück. Sie trug einen Minirock, ihre Nase pellte sich, und aus ihren Taschen rieselte Sand auf das frisch gebohnerte Parkett. In der Wiedersehensfreude beachteten Vater und Tochter mich kaum. Am frühen Abend bat Richard mich, mit ihnen zu essen. Er hatte extra für mich «Suze» gekauft, aber er siezte mich wieder.

Der Vorname Angélique paßte nicht zu seiner Tochter. Sie hatte dunkle Haare, Augen und Teint, war hypernervös und erzählte wie aufgezogen, was sie und ihre Freundin Etsuko am Strand angestellt hatten. Plötzlich rannte sie in ihr Zimmer und kehrte begeistert mit einem Photoapparat und einem blauen, transparenten Plastikregenschirm zurück. Sie stellte die Kamera auf den Kamin, drängte sich aufs Sofa zwischen Richard und mich, öffnete den Regenschirm über unseren Köpfen und rief: «Lächeln!»

Entsetzt riß ich die Augen auf. Der Selbstauslöser blinkte. Ich griff nach dem Schirm, schloß ihn und warf ihn auf den Boden, als hätte er mir die Fingerspitzen verbrannt. Aber es war zu spät.

Verschlafen betrat Angélique die Küche.

«Kakao!» rief sie.

Wahrscheinlich konnte sie sich nicht damit abfinden, daß der Urlaub in Les Sables-d'Olonnes vorüber war, denn sie trug einen Bikini.

Wie mager sie war! Ich reichte ihr einen Apfel.

«An apple a day keeps the doctor away!» zitierte ich meine Mutter. Doch Angélique aß nichts, spielte nur mit einem Baguette herum und drehte es um.

«Willst du, daß der Teufel zu uns kommt?» fuhr ich sie an.

«Bilden Sie sich ja nicht ein, Sie seien hier zu Hause!» sagte sie.

Den ganzen Tag sah ich sie nicht mehr. Am Abend brachte sie ihre Freundin Etsuko mit, ein wohlerzogenes japanisches Mädchen.

«Unser Dienstmädchen», stellte Angélique mich vor.

Etsuko verbeugte sich.

«Eigentlich habe ich Mademoiselle Germaine als Kindermädchen engagiert», schaltete Richard sich ein, der im Flur gestanden hatte. Er trug einen Blumenstrauß.

«Für dich, Paps?» fragte Angélique.

Richard verstand nichts.

«Das Kindermädchen meine ich!» fügte sie hinzu.

Ihr Vater lachte. Etsuko verbeugte sich erneut, dabei faltete sie wie beim Gebet die Hände zusammen.

Als ich in mein Zimmer kam, brauchte ich die Rosen nicht zu zählen. Wirkt ein Strauß großzügig, harmonisch und doch verspielt, so besteht er aus sieben Blumen.

Dennoch wirkte Richard beim Abendessen verlegen. Ich hatte die trübe Ahnung, daß die glücklichen Tage vorüber waren.

Angélique wurde dreizehn und gab eine Party. Ich war die letzte, die davon erfahren hatte. Etsuko versteckte ihr Geschenk in der Küche. Es war ein Korb, den sie nicht eingepackt hatte. Angélique kam mit offenen Haaren. Unter ihrem zu langen Pony lachten ihre Nußaugen. Sie hatte grünen Lidschatten aufgetragen und die hohlen Wangen mit grellem Lippenstift angemalt. Nach und nach kamen ihre Gäste, aufgedrehte junge Leute in zu knapper Kleidung, die Komplimente austauschten, Rosinen aus dem Obstsalat naschten und achtlos an mir vorbeigaloppierten.

Bald waren sie alle im Salon verschwunden, und statt dreizehn pflanzte ich vierzehn Kerzen in die Geburtstagstorte. Richard löste den Knoten meiner Schürze.

«Komm mit mir!» sagte er.

Ich glaubte, ein leises Wimmern zu hören.

Im Salon lief laute Musik. Auf dem Kamin stand das Unglücksphoto mit dem Regenschirm. Angélique riß all ihre Pakete auf, und ich versuchte, ein paar Fetzen Geschenkpapier zu retten und zu falten. Richard mochte den leichten Ton der jungen Mädchen. Angélique, die zu seinen Füßen saß, war stolz auf seine silbernen, dichten Haare.

«Tanzen, Paps?» fragte sie ihn.

Wann hatte sie aufgehört, ihn Papa zu nennen? Während sie wie eine junge Nymphe mit ihm tanzte, spielte sie mit seinem Haar. Ich fühlte mich überflüssig.

Und dann kroch auch noch etwas aus Etsukos Korb: eine pechschwarze Katze! Der Atem blieb mir stehen. Sollte ich sie mit einem diskreten Arschtritt hinausjagen? Sie machte einen Buckel, spuckte und sträubte ihr Fell.

Wie ein Teufel sah sie aus. Kein Wunder, daß ich den ganzen Abend eine leise Unruhe verspürt hatte, ein dunkles Gefühl von Bedrohung.

Früh ging ich zu Bett. In der Finsternis lag ich wach, hörte die unendlichen Gelächter des Sabbats und das Dröhnen von «Trash, Surf und Beat» – Angèliques neuer Schallplatte. Doch der lauteste Rhythmus kam von meinem mächtig schlagenden Herzen. Schreckbilder tauchten aus allen Ecken des dunklen Zimmers auf, ein fiebriger Verfolgungswahn packte mich, als hinge das Unheil über mir wie eine fragile Konstruktion, die jeden Augenblick einstürzen konnte.

Als ich erwachte, war es schon lange hell. Matt und müde fühlte ich mich, und meine Beine waren wie Blei. Das schwarze Biest lag auf meinen Füßen. Ich nahm es beim Schwanz und schleuderte es durchs Zimmer. Es verschwand in einer Staubwolke. Auf dem Küchentisch fand ich einen Zettel, der meine Sorgen fürs erste vertrieb: «Germaine, danke für Ihre Tüchtigkeit. Ich sehne mich nach ruhigeren Stunden mit Ihnen. Richard.»

Vierzehn Worte. Ich begriff die Botschaft, und mein Herz schlug heftiger.

Angélique kam herein.

«Germaine», sagte sie, «es kotzt mich an, wenn Sie mein Zimmer aufräumen! Tschüs!» Nun gut. Sollte Mademoiselle Dreizehn doch selbst Hand anlegen! Ich konnte jedoch nicht widerstehen, einen Blick in ihre Hexenhölle zu werfen. Die unbeschreibliche Unordnung bewies: Nicht nur im Kopf hatte das Mädchen Flusen. Zur Krönung tobte sich in dem Tohuwabohu die schwarze Katze aus. Angewidert wollte ich mich zurückziehen, da stach mir ein Heftchen ins Auge.

In dem Tagebuch befand sich eine satirische Beschreibung meiner Person: «Sie ist eine Vogelscheuche, sie ist alt und häßlich, und sie trägt jeden Tag denselben Rock, der hinten aufgerissen ist. Mit dem kriecht sie auf allen Vieren, um das Parkett zu bohnern. Wenn ich sie sehe, kriege ich eine Gänsehaut ...»

Etwas schlich sich zwischen meine Beine. Ein Schauder durchfuhr mich, die Haare standen mir zu Berge. Das Biest sah mich an.

Ich hatte das Gefühl zu ersticken, ich mußte hinaus. Die Zweige der Kastanienbäume bewegten sich heftig. Es war heiß. Die Straße stank nach gewürzten Speisen und aufdringlichen Parfums, Auspuffgase bliesen mir ins Gesicht. Ich unternahm eine Pilgerfahrt, lief zur «Coupole», zur Rue de l'Odéon, zum kleinen Gemüseladen auf dem Place Saint-Placide. Unauffällig betrachtete ich mich in allen Schaufenstern. Meine Schultern hingen, meine Lippen waren bleich, meine leicht verwelkte Haut weiß. Vor jedem Kanalisationsdeckel schrak ich zurück. In meiner Verwirrung trat ich zweimal auf Spalten zwischen den Pflastersteinen, die das Innere der Erde preisgaben. Grelle Sonnenstrahlen reflektierten sich auf Spiegeln. Das Flackern des Lichts, das Klirren der Gläser auf den Tischen der Terrassen, das laute Geräusch der Schritte im großen Gedränge und das Bild Hunderter auf mich gerichteter Blicke waren mir unerträglich. Ich tastete mir die fiebernde Stirn.

Eine Wolke verbarg die Sonne. Verliebte Paare liefen eng umschlungen. Aus einem alten Reflex heraus beneidete ich sie und hätte fast geweint. Doch würde Richard mich heute nacht in seinen kräftigen, beruhigenden Armen halten.

Ich hatte es geschafft, die Katze mit einem Besen aus der Wohnung zu kehren und das Regenschirmphoto verschwinden zu lassen. Seine negative Ausstrahlung lag nicht nur an dem offenen Regenschirm im geschlossenen Raum, es war ein mißlungenes Bild. Insbesondere ich war in einem unvorteilhaften Augenblick erwischt worden.

Angélique kam sehr spät nach Hause. Richard fragte nicht, wo sie sich herumgetrieben hatte, und ich mischte mich nicht ein.

Es klingelte an der Tür. Richard kam mit der Katze zurück. Der Concierge hatte sie gefunden. Arrogant versuchte sie, sich an mir vorbeizuschlingen, spürte meinen Widerwillen, fauchte mich an und versteckte sich hinter einem Schrank. Gern hätte ich den Schrank etwas näher an die Wand gerückt.

«Paps, Paps! Ich sehe nichts mehr!» hörten wir plötzlich Rufe.

Richard eilte zu Angélique. Neugierig folgte ich ihm.

Das Spektakel, das sich mir bot, erfüllte mich mit Entsetzen. Auf dem Bett, das einem Bazar ähnelte, streckte sich die schwarze Katze aus. Daneben stand Richard unter einer Klappleiter und stützte sie. Auf der Leiter stehend, versuchte Angélique, eine Glühbirne in die Fassung zu schrauben. Ich verlor selbige und rief: «Richard! Vorsicht!»

Er lächelte und rührte sich nicht. Mit der Entschlossenheit eines Ringkämpfers nahm ich Anlauf und schubste ihn weg. Die Leiter kippte. Angélique lag jammernd auf dem Teppich und hielt ihr Bein umklammert, das einen seltsamen Winkel zeigte. In diesem Moment sprang mich die Katze an, hängte sich mit ihren langen und scharfen Krallen in meinen Rock und biß mich in die Schenkel.

«Mademoiselle Germaine, Begründungen dürften überflüssig sein.»

«Ja, Monsieur Desjardins.»

«Aberglaube ist wie der Glaube an die Vorfahrt.»

«Ja, Monsieur Desjardins.»

Die Tür fiel hinter mir ins Schloß.

Auf dem Treppenabsatz öffnete ich meine schwarze Handtasche. Ohne den Wohnungsschlüssel der Desjardins enthielt sie nur noch sechs Gegenstände. Adieu Paris, mon paradis! Eine wilde Lust zu lachen schnürte mir plötzlich die Kehle zu. Es war Sonntag! Mein sechster Versuch, eine Stellung zu bekommen, hatte nur eine Woche in Anspruch genommen! Immer noch war ich neunundvierzig, und wenn ich den Zug von 19 Uhr 03 nicht verpaßte, – eins und neun ergibt zehn minus drei ergibt sieben –, würde mir am nächsten Morgen eine neue Chance in der Provinz geboten. Montags fängt immer mein neues Leben an.

Fragen

Janice Deaner

Ich war kaum acht Jahre alt, als Mr. Aldabro mich auf den
Schoß nahm und mir meinen ersten geometrischen Beweis
vorführte. Bis dahin hatte ich keine Ahnung gehabt von
der Schönheit von Dreiecken und Vierecken, Linien und
Winkeln, aber er fand sie so faszinierend, daß ich von da an
ebenfalls gefesselt war. Ich lebte neben ihm in einer Wohnwagensiedlung in Brainard, Nebraska, und verbrachte viele
kalte Abende bei ihm, in den schwarzen Umhang gehüllt,
den er von seinem Großvater geerbt hatte, und lernte die
Eigenschaften, Maße und Verhältnisse von Punkten, Linien
und Winkeln.

Ich bot mich auf den ersten Blick nicht als Objekt seiner Zuneigung an. Ich war ein armer, kränklicher Junge
mit Blumenkohlohren und einem schlimmen Ekzem, ein
Kind, dem kein vernünftiger Mensch viel Interesse ent-
gegenbrachte. Das Ekzem konnte ich unter langärmeligen
Hemden und langen Hosen verbergen, aber meine Blumenkohlohren waren hoffnungslos.

Als ich Mr. Aldabro schon über ein Jahr kannte, traute
er sich, das Thema Ohren anzusprechen, berührte sie das
erste Mal mit seinen schrumpeligen, zwiebelhäutigen Fingerspitzen und küßte dann jeden einzelnen Hubbel mit seinen zittrigen Lippen. Er sprach leise, feierlich. «Es ist ein
Wunder, daß du keinen Gehirnschaden hast, mein lieber,
lieber Michael. Wirklich ein Wunder.»

Mein Vater meinte, mit einem Wunder habe das nichts zu tun, ich hätte nur einfach einen harten Schädel. Er mußte es wissen. Schließlich bearbeitete er meinen Kopf oft genug mit seinen Fäusten.

Mr. Aldabro ein Anhänger der Idee, daß Geometrie und Philosophie eng miteinander verbunden seien, und vermischte häufig philosophische und geometrische Gedanken. «Die Fläche des Quadrats auf der Hypotenuse eines rechtwinkligen Dreiecks entspricht der Summe der Flächen der Quadrate der beiden Katheten. Das ist ein Lehrsatz, Michael, genau wie *Sei deinem wahren Selbst stets treu*. Die Summe der Winkel im Dreieck beträgt immer 180 Grad, und alle Pfade führen nach innen.»

Vermutlich war es nicht genauso, wie ich es erzähle; mein Gedächtnis funktioniert nur lückenhaft, aber Mr. Aldabros Ideen füllten die Leere in meinem mißhandelten Schädel und schufen gleichzeitig eine große Weite, so daß ich dort einzog und dort zu leben begann.

Das war gut so, denn in unserem Wohnwagen war mein Zimmer der Schrank im Elternschlafzimmer, und ich hauste darin wie eine streunende Katze in einer Kiste. Und obwohl mein Körper oft auf der schmalen Pritsche anzutreffen war, die meine Mutter in den Schrank gequetscht hatte, befand ich selbst mich meistens in meinem Gehirn und durchstreifte die Pfade, die Mr. Aldabro angelegt und geebnet hatte, löste geometrische Beweisaufgaben und rang mit den philosophischen Fragen, die Mr. Aldabro wie ein geistiger Brandstifter in mir entzündet hatte.

«Michael, wie soll man angesichts der Tatsache, daß der Tod die einzige Sicherheit und der Zeitpunkt des Todes unbekannt ist, sein Leben führen?»

Ich verlor mich in dieser Frage. Ich lag mit geschlossenen Augen auf meiner Pritsche und versuchte, auch die Ohren zu verschließen, um die ständige Flut der Beschimpfungen auszublenden, die zwischen meinen Eltern hin und her gingen, und mich ganz auf mein Inneres zu konzentrieren, als läge die Antwort in mir verborgen und müßte nur gefunden werden. So vergingen Monate. Vielleicht sogar Jahre. Und eines Abends, es dämmerte schon, erinnere ich mich, sah ich lauter weißgleißende Lichter hinter den geschlossenen Lidern, ein ganzes Universum aus Licht, und mittendrin eine sitzende Gestalt. Ich empfand eine göttliche Ruhe und hielt den Augenblick so lange fest, wie ich nur konnte. Als ich Mr. Aldabro danach fragte, schien er wenig beeindruckt.

«Ach, ja», sagte er. «Höchstwahrscheinlich der Buddha oder eine Reinkarnation. Er ist ein göttliches Wesen.»

«Und?» fragte ich.

«Und die Dinge sind so, wie sie sein sollen.»

Der Buddha machte mich neugierig, also fragte ich meine Mutter. Ich wollte gern wissen, ob sie je von ihm gehört hatte. Mr. Aldabro redete über ihn, als wäre er sehr berühmt.

«Ein fetter, kleiner Mann mit langen Ohrläppchen», sagte meine Mutter.

«Aber der, den ich gesehen habe, sah anders aus», sagte ich. «Er war nicht fett. Hast du wirklich schon mal von ihm gehört?»

«Ja, klar», antwortete meine Mutter. «Du kannst mir ruhig glauben, du kleiner Klugscheißer. Aber in Wirklichkeit gibt es ihn gar nicht, Michael. Er ist eine Erfindung, so wie der Weihnachtsmann.»

«Was ist mit Jesus?» fragte ich. «Ist er auch nur eine Erfindung?»

Von Jesus hatte meine Mutter eine höhere Meinung. «Nein, der hat wirklich gelebt.»

«Woher weißt du das?»

«Es steht in der Bibel. Jesus gehört zur heiligen Dreieinigkeit. Dieser Buddha war ein Niemand», sagte sie. «Ein dicker Mann aus Indien. Und die Leute in Indien haben von nichts 'ne Ahnung. Die hungern doch alle. Deshalb brauchen sie einen fetten Mann als Vorbild. Sie würden alles tun, bloß um was zu essen zu kriegen.»

Man sieht, womit ich leben mußte.

Als ich älter wurde und meine Hochachtung für Mr. Aldabro Ausdruck verleihen konnte, sagte ich zu ihm: «Sie haben mich aus der Gosse geholt.» Und Mr. Aldabro antwortete: «Nein, Michael, ich war nur die Leiter, die du selbst hinaufgeklettert bist.»

Kurz bevor ich die High School abschloß, lief mein Vater mit einer jungen Trapezkünstlerin eines Wanderzirkus' davon, und meine Mutter starb in der Stille. Da es mit Mr. Aldabros Gesundheit nicht zum besten stand, ließ ich ihn ins Zimmer meiner Eltern ziehen, und wir lebten sehr harmonisch miteinander – ich auf meiner Schrankpritsche, Mr. Aldabro im Bett meiner Eltern, umgeben von Bücherstapeln und immer neuen Fragen. «Wenn eine Frau vor einem Schaufenster steht, in dem eine Perlenkette ausgestellt ist, und sich dabei ausmalt, wie sie sich im Juni mit der Kette um den Hals über einen Balkon lehnt, und jetzt aber Januar ist – was ist dann ihr wahres Selbst: das, das im Januar auf dem Gehweg steht, oder das, das sich im Juni über den Balkon beugt? Eine Frage, die Virginia Woolf beschäftigte», sagte er.

Aber ich wußte es nicht.

Als die Zeit für mein Universitätsstudium kam, hoffte Mr. Aldabro, ich würde Geometrie und Philosophie studieren, aber ich wußte inzwischen, daß ich weder ein Mathematikgenie noch ein Philosoph war. Ich hatte begonnen, mich für Medizin zu interessieren. Mr. Aldabro war sehr krank; er litt an fortgeschrittenem Diabetes und hatte Probleme mit der Harnröhre, und ich hatte gelernt, ihm zu jeder Tages- und Nachtzeit Insulinspritzen zu setzen und Katheder zu legen. Offenbar besaß ich dafür eine Begabung.

«Welche Art von Medizin?» fragte mich Mr. Aldabro.

Ich erzählte ihm, ich hätte an Gehirnchirurgie gedacht.

Mr. Aldabro warnte mich vor der Medizin. «Sie trennen den Geist vom Körper, Michael. Sie werden dir beibringen, daß dieses zum Körper gehört und jenes zum Geist. Sie werden dir nicht einmal das spirituelle Element zugestehen. Vor dieser Entfremdung mußt du dich hüten. Man kann das eine nicht ohne das andere verstehen. Das heißt, wenn du Arzt werden möchtest, mußt du wissen, daß Körper und Geist eins sind, aber trotzdem getrennt, daß sie verschieden sind und doch dasselbe.»

Ich dachte darüber nach, während ich bei Munson's, einer Nylonparka-Fabrik, in der Nachtschicht arbeitete. Ich besaß so gut wie kein Geld und mußte die Kosten des Medizinstudiums selbst verdienen und außerdem für Mr. Aldabro sorgen. Es machte mir nichts aus. Mr. Aldabro war dankbar für meine Hilfe, und mein Job war kaum anstrengend. Ich mußte nur vorne an den Parkas acht Druckknöpfe schließen. Ein alter Mann brachte mir bei, die weibliche Druckknopfhälfte auf die männliche Druckknopfhälfte zu legen, dann die Vorderseite der Parkas entlangzufahren und einen Knopf mit dem rechten Daumen, den nächsten mit dem linken Daumen zuzudrücken – rechter Daumen, linker Daumen und so weiter. Ich mußte dabei nicht überlegen, sondern konnte an andere Dinge denken, konnte in meinem Kopf die komplizierten Systeme des menschlichen Körpers nachvollziehen, das System des Herzens, der Lunge, des Gehirns. Und ich konnte darüber nachdenken, daß Körper und Geist eins waren, aber doch getrennt. Und daß sie verschieden waren und doch dasselbe.

Es ergab sich, daß mein Job in der Parka-Fabrik meinen Plänen, Gehirnchirurg zu werden, ein Ende setzte. Nach sechs Jahren bekam ich Arthritis in den Daumen. Ich wußte nicht, was ich tun sollte, und als Mr. Aldabro, der inzwischen in die Dämmerphase des Lebens eingetreten war, auf dem Totenbett flüsterte: «Die Kinder brauchen dich», gab ich den Gedanken ganz auf und wurde Kinderarzt. Ein paar Tage vor Ende meiner Kinderarztausbildung starb Mr. Aldabro in meinen Armen. Es war der traurigste Tag meines Lebens. Seine letzten Worte waren: «Gib acht, daß du dein Leben nicht verschwendest, Michael.» Ich begrub ihn in einem mit Samt ausgelegten Mahagonisarg und zog nach Omaha, Nebraska.

Dort eröffnete ich im besten Viertel eine Praxis, und nach ein paar Jahren schon lief sie hervorragend. Besonders interessant war die Arbeit allerdings nicht. Gelegentlich kam ein Kind, das wirklich meine Hilfe brauchte, weil es an Krebs oder an irgendeiner anderen seltenen Krankheit litt, doch das meiste war Routine, vor allem Erkältungen und Grippefälle und die jährlichen Untersuchungen, auf die alle wohlhabenden Eltern bestanden.

Die Praxis war lukrativ, und als erstes kaufte ich mir am Stadtrand ein riesiges Haus, von dessen Küchenfenster man auf ein großes Feld blickte. Ich entdeckte, daß ich ein Talent für Innenausstattung hatte, und bestellte feine Stoffe aus Italien, Antiquitäten aus dem späten achtzehnten Jahrhundert aus England, Kuckucksuhren und Filzpantoffeln aus Deutschland, Teppiche aus der Türkei und Porzellankacheln aus Marokko. Ich besuchte regelmäßig das Orpheum Theater in der Innenstadt, egal ob ein Theaterstück, ein Musical oder eine Oper gegeben wurde, und entwickelte bald eine Vorliebe für die Oper, besonders für Werke von Wagner und Mozart. Außerdem fand ich Gefallen an eleganter Kleidung und ließ meine Anzüge aus

New York und Paris kommen, obwohl es immer Monate dauerte, bis sie geliefert wurden.

Als mein Haus drei Jahre später komplett eingerichtet und meine Schränke gefüllt waren, erkannte ich in einem jener Momente, die man als Augenblicke der Wahrheit bezeichnet, daß ich noch nie solchen Mangel, solche Armut gelitten hatte.

Ich dachte, es könnte an der Größe des Hauses liegen, denn ich war ja daran gewöhnt, in beengteren Verhältnissen zu leben. Vielleicht war es auch der Luxus, denn auch daran war ich nicht gewöhnt. Vielleicht war es das weite Feld, denn ich war ja an die Grenzen der Wohnwagensiedlung gewöhnt.

Ich glaubte, die Wohnwagensiedlung und das, was sie mir bedeutet hatte, zu vermissen. Also fuhr ich nach Brainard und stand auf dem staubigen Platz zwischen dem Wohnwagen von Mr. Aldabro und dem, der einmal uns gehört hatte. Ganz in der Nähe scharrten ein kleiner Junge und ein kleines Mädchen mit Stöckchen im Dreck herum, verzweifelt auf der Suche nach Spielmöglichkeiten. Ich schaute ihnen eine Weile zu und dachte: «Hier habe ich nichts mehr verloren.» Der kleine Junge blickte über die Schulter, und ich sah auf seiner rechten Wange einen großen feuerroten Fleck. Auf meine Frage, was passiert sei, wollte er nichts antworten, also fragte ich ihn, wo er wohne. Er deutete auf den Wohnwagen, der früher Mr. Aldabro gehört hatte, und ich klopfte an die Tür.

Seine Mutter war eine erschöpfte junge Frau, nicht älter als fünfundzwanzig. Sie stillte gerade ein Baby, während zwei weitere Kinder, zwei und drei Jahre alt, halb nackt durch die Gegend sprangen.

«Was ist mit dem Gesicht Ihres Sohnes passiert?» fragte ich sie.

Sie schaute kurz weg und antwortete dann: «Er ist selbst

schuld. Er zündelt immer, und einmal hat er sich dabei verbrannt.»

Da merkte ich, daß die beiden anderen Kinder ganz ähnliche Verbrennungen hatten: der Dreijährige auf dem linken Handrücken, der Zweijährige auf dem rechten.

«Spielen die anderen Kinder ebenfalls mit Feuer?» fragte ich. «Sie haben auch Verbrennungen.»

Achselzuckend meinte die Frau: «Ich habe nicht genug Geld fürs Essen, und um so ein paar Brandblasen kann ich mich nicht kümmern.»

Ich kauerte nieder und nahm die Hand des Dreijährigen, um sie mir näher anzuschauen.

«Das sind keine harmlosen Brandblasen», sagte ich. «Das sind Verbrennungen zweiten Grades.»

Die Frau begann zu weinen. Sie war völlig überfordert – vier Kinder und ein Mann, der nicht genug Geld nach Hause brachte. Ich reichte ihr mein monogrammbesticktes Seidentaschentuch, damit sie sich die Tränen trocknen konnte, bestellte in der Apotheke von Brainard eine Spezialsalbe und schrieb genaue Anweisungen auf, was für die Heilung der Brandwunden getan werden sollte. Dann mußte ich gehen. Als ich die Straße hinunterfuhr, kam ich mir vor, als hätte ich sie im Stich gelassen – als wäre ich wie mein Vater mit einer Trapezkünstlerin durchgebrannt.

Vielleicht hatte Mr. Aldabro mit seinem Satz, die Kinder bräuchten mich, ja diese hier gemeint. Innerhalb weniger Tage nach meiner Rückkehr bot ich der Kinderklinik in South Omaha meine Dienste für die Nachtschicht an. Die Kinder, die mitten in der Nacht dorthin gebracht wurden, kamen selten wegen Erkältungen oder Grippe. Sie hatten Schlüsselbeinbrüche und Verbrennungen an den Händen, schwere Blutergüsse, Kopfverletzungen und Traumata aller Art. Die begleitenden Eltern behaupteten meistens, das Kind sei zwei Treppen hinuntergestürzt, oder es sei in den

Gartenschuppen gegangen, wo Äxte und Heckenscheren aufbewahrt würden, oder in der Holzwerkstatt bei den Blattsägen gelandet. Entweder erzählten sie solche Geschichten, oder sie gaben indirekt zu, daß sie etwas mit den Verletzungen zu tun hatten, verteidigten aber ihr Verhalten mit Worten wie Disziplin und Strafe, sagten, das Kind habe eine Lektion verdient. Diese Lektionen konnten verschiedene Formen annehmen: von zwei abgeschnittenen Fingern wegen eines kleinen Diebstahls bis zu zwei gebrochenen Beinen, weil das Kind ungefragt ins Schlafzimmer gekommen war.

Schließlich verließ ich meine Praxis und widmete mich ganz der Klinik. Ich kann nicht genau sagen, wann es passierte, aber irgendwann hörte ich auf, Kinderarzt zu sein, und wurde statt dessen ein Wächter, der den Zugang zu den Kindern hütete. Ich behandelte die gebrochenen Knochen, die Schnittwunden, die Prellungen und Verbrennungen, aber wichtiger war es mir, die geistige Krankheit zu behandeln, welche die Eltern veranlaßt hatte, Knochen zu brechen und ihren Kindern Schnitte und Verbrennungen zuzufügen. Dabei kam mir eine Frage in den Sinn, eine Frage, die Mr. Aldabro nie gestellt hatte. Wie trennt man die Körper der Kinder vom Geist der Eltern? Ich sah, daß sie verschieden waren, und doch waren sie ein und dasselbe geworden.

Ich versuchte alle möglichen Methoden. Man könnte von Experimenten sprechen. Ich begann mit geometrischen Beweisen, aber dafür interessierte sich keiner. Ich schrieb die weisen Dinge auf, die Mr. Aldabro mir erzählt hatte, aber die meisten Zettel fand ich im Papierkorb auf dem Flur wieder. Ich versuchte, ihren Geist mit den Fragen zu entflammen, die Mr. Aldabro mir gestellt hatte. «Wie soll man angesichts der Tatsache, daß der Tod die einzige Sicherheit und der Zeitpunkt des Todes unbekannt ist, sein

Leben führen?» fragte ich. Die meisten zuckten die Achseln und meinten, für sie wäre das Leben wesentlich einfacher, wenn sie mehr Geld hätten.

Ich schaltete Sozialarbeiter ein, ich wandte mich an die Polizei, aber die Kinder kamen immer wieder.

Die Ungeheuerlichkeit des Problems ließ mich nachts nicht schlafen. Wenn es Tausende von leidenden Kindern gab und nur eine Handvoll Ärzte, die sich um sie kümmerten, wie sollten die Kinder gerettet werden? Da kam mir die Idee: Man muß die Körper der Kinder vom Geist der Eltern trennen. Dieser Gedanke riß die Mauern in meinem Kopf ein, alle möglichen Türen taten sich auf, und im Schlafzimmer meiner kleinen Wohnung (ich war gezwungen gewesen, mein Haus zu verkaufen, da die Klinik sehr schlecht bezahlte), stellte ich mir vor, wie ich die Kinder mitten in der Nacht einsammelte: Im ganzen Land eröffnete ich Heime für sie, Heime mit weißgestrichenen Wänden und sauberen Parkettfußböden. Ich suchte alle alten Mr. Aldabros in den Vereinigten Staaten und trug ihnen auf, die Kinder zu lieben und zu lehren. Ich stattete die Bibliotheken mit Geometriebüchern und philosophischen Texten aus. Ich richtete große Apotheken mit Arzneimitteln für ihre momentanen Leiden ein und stellte mir vor, daß der Bedarf im Lauf der Zeit zurückgehen und man nur noch die normalen Arzneimittel brauchen würde. Ich fuhr sogar mit dem Zug quer durchs Land, wie Truman bei seiner Bahnhofskampagne, und ich stand hinten im Zug, mit großen Fotografien, um die Notlage auf einen einzigen Blick klarzumachen.

Aber die Ideen brachen unter ihrem eigenen Gewicht, unter ihrem Umfang zusammen, und ich ließ den Kopf hängen und weinte. In meiner Hilflosigkeit gab ich gänzlich auf. Entmutigt baute ich einen inneren Altar, auf dem ich alle Kinder einem Gott darbrachte, irgendeinem Gott –

Pan, Zeus, Buddha, Vishnu, Jesus. Ich war nicht wählerisch. Jeden Tag opferte ich an diesem Altar, der vollgepackt war mit Kindern, und nach ein paar Monaten spürte ich einen kalten Wind darüberwehen, und als ich aufschaute, sah ich, daß der Altar sich in einen Tisch auf einem Flohmarkt verwandelt hatte, auf dem lauter Sachen standen, die keiner wollte. Ich verfiel in tiefe Verzweiflung. Religion und Philosophie lösten kein einziges Problem. Was nützte es da, Fragen zu stellen?

Da kam eine Frau in die Klinik. Sie war kräftig gebaut, wog sicher zwei Zentner und war nicht älter als fünfunddreißig. Sie trat in mein Sprechzimmer, ihren achtjährigen Sohn auf den Armen. Er war völlig durchnäßt und blau angelaufen, sein Kopf hing schlaff herunter wie im Tod. Sie legte ihn auf den Untersuchungstisch.

«Sie müssen ihn wiederbeleben», forderte sie.

«Was haben Sie mit ihm gemacht?»

«Ich habe ihn geliebt», sagte sie.

Ich zog seine Augenlider zurück, ich tastete nach seinem Puls, ich horchte sein Herz ab. Doch die Augen waren glasig, ich konnte keinen Puls finden, hörte keinen Herzschlag. Er war tot. Ich entkleidete ihn und suchte seinen Körper nach Hinweisen auf die Geschichte seines Lebens und Sterbens ab, doch ich fand keinerlei Spuren. Jeden Zentimeter untersuchte ich, und zu meinem Erstaunen war sein kleiner achtjähriger Körper in perfektem Zustand.

«Wie ist er gestorben?» fragte ich.

«Er hat oft am Flußufer gespielt», sagte sie, «und er wußte genau, daß er nicht ins Wasser gehen durfte. Die Strömung war zu stark. Ich ließ ihn nur dort spielen, wenn ich in der Nähe war – wenn ich neben ihm saß oder nur einen Meter entfernt die Wäsche aufhängte. Ich behielt ihn immer im Auge. Aber heute war es windig, und für zwei Sekunden wehte ein Laken hoch, so daß ich ihn nicht sehen konnte, und als es sich wieder senkte, trieb er den Fluß hinunter. Sein kleines Segelboot muß ins Wasser gepustet worden sein, und als das Laken hochschlug, muß er danach gegriffen haben und ins Wasser gefallen sein. Ich stürzte in den Fluß und schwamm ihm hinterher, aber als ich ihn erreichte, war er bereits leblos. Sie müssen ihn wiederbeleben. Er ist alles, was ich habe.»

Ich sah sie an, sah ihr Gesicht, das so anders war als die andern, nicht nervös, sondern liebevoll, und ich brachte es kaum über mich, ihr zu sagen, daß ich nichts mehr tun konnte. «Es geht nicht», sagte ich. «Er ist tot.»

Sie drückte den Kopf auf die kalte, nasse Brust des Kindes und schluchzte laut. Sie lockte eine ganze Menschenansammlung herbei – Ärzte, Krankenschwestern, Patienten –, und kein Auge blieb trocken. Sechs Männer mußten sie von dem Jungen losreißen. Sie brachten sie zu meinem Wagen, und ich fuhr sie dann zu ihrer Hütte am Flußufer.

Sie machte mir eine Tasse Tee, und zwischen Schluchzern erzählte sie mir ihre Geschichte. Die war kurz und traurig. Die Frau hatte sich in einen Mann verliebt und war ungewollt von ihm schwanger geworden. Es war an einem heißen Augustnachmittag geschehen. Die beiden hatten sich leidenschaftlich zueinander hingezogen gefühlt und auf dem Wohnzimmerfußboden in ihrer New Yorker Wohnung miteinander geschlafen. Nicht einmal die Kleider hatten sie dabei ausgezogen, so überwältigend war ihr Verlangen gewesen.

«Er hieß Thomas», sagte sie. «Normalerweise hätte er immer ein Kondom benutzt, aber er war auch sehr erregt, und wir haben uns völlig vergessen.»

Als sie merkte, daß sie schwanger war, flehte er sie an, das Kind abtreiben zu lassen. Sie flehte ihn an, das Kind mit ihr großzuziehen. Sie waren beide Schriftsteller, und er wollte nicht wegen eines Kindes sein Leben aufgegen. Sie schleppte ihn zu einem Priester, an den sie glaubte, in der Hoffnung, dieser könnte Thomas davon überzeugen, daß sie das Kind behalten mußten.

Der Priester sagte zu Thomas: «Warum möchten Sie dieses Kind nicht haben?»

Und Thomas antwortete: «Ich will Schriftsteller sein. Ich möchte kein Kind großziehen.»

«Sie könnten das Schreiben aufgeben, in eine Hütte am Fluß ziehen und Ihrem Kind helfen, ein großer Schriftsteller zu werden.»

Dieser Vorschlag entsetzte Thomas, berichtete die Frau. Und später sagte der Priester zu ihr: «Der Gedanke verwandelt ihn zu Stein. Sie werden dieses Kind allein bekommen.»

Also verließ die Frau, deren Name Gabriella war, ihre Wohnung und kehrte zu ihrem Geburtsort zurück, nach Omaha, Nebraska, wo sie am Ufer des Platt River eine Hütte kaufte, den Jungen allein großzog und ihn schreiben lehrte. Ihren Lebensunterhalt verdiente sie damit, daß sie abends Maiskolbenpuppen bastelte. Tagsüber wollte sie nicht arbeiten, weil sie das Kind nicht an andere Leute abgeben wollte.

«Und jetzt hat der Fluß ihn mir genommen», klagte sie. «Der Fluß, zu dem ich ihn bringen sollte, um ihn großzuziehen, hat ihn mir genommen.»

Sie weinte so heftig, daß sie nicht mehr richtig atmen konnte und in meinen Armen ohnmächtig wurde. Ich sah, daß sie ein sehr schönes Gesicht hatte. Es war verquollen, ja, aber man konnte deutlich erkennen, daß sie eine schöne Frau war. Ich entdeckte zufällig ein Foto von ihr auf dem Tisch neben dem Sofa, auf dem sie mit ihrem neugeborenen Sohn zu sehen war, und ich staunte über ihre Schönheit.

Als sie wieder zu sich kam, zeigte sie mir die Bücher, die

sie ihrem Sohn vorgelesen hatte, um ihn auf die Schriftstellerei vorzubereiten, und dann die wunderschöne ledergebundene Kladde, ihren einzigen wertvollen Besitz. Darin hatte sie seine Geschichten gesammelt, großartige Texte für einen so kleinen Jungen, sagte ich.

Ich besuchte sie öfter, um zu verhindern, daß sie ins Wasser ging, und obwohl es eine Weile dauerte, konnte ich sie überreden, mir auch ihre eigenen Texte zu zeigen, und ich fand sie hervorragend. Ich schlug ihr vor, sie einem Verlag vorzulegen, aber sie schüttelte den Kopf. «Niemals», sagte sie.

Ende Oktober, drei Monate, nachdem Gabriellas Sohn ertrunken war, wurde ein kleiner Junge von seinem Vater zu mir gebracht. Leonard Sumack hieß der Junge. Ich hatte ihn schon drei- oder viermal gesehen, und immer war er von seinem Vater gebracht worden. Er unterschied sich nicht von den anderen Kindern, und auch sein Vater war wie die andern. Leonard war ein mißhandeltes Kind, der Vater ein Schläger, die Mutter feige. Ich kannte diese Familie gut. Ich kannte Hunderte, ja, Tausende solcher Familien. Und zu all diesen Vätern oder Müttern sagte ich mehr oder weniger das gleiche, ich sprach ganz direkt mit ihnen über ihre Kinder, auch wenn sie alles leugneten oder sich verteidigten.

«Mr. Sumack, es ist nicht gut, wenn Sie Ihren Sohn schlagen.»

«Wer sein Kind liebt, spart nicht mit der Rute», antwortete er. «Das ist meine Meinung. Ich bin so erzogen worden, und es hat mir gutgetan.»

«Das war keine Rute, Mr. Sumack», sagte ich. «Sie haben den armen Jungen mit dem Brecheisen geschlagen. Sie haben seine Füße angezündet. Sie haben seine Hände tief in kochendes Wasser getaucht.»

«Und er hat seither nie wieder mit dem Pinsel meine

Hausschuhe rot angemalt», sagte Mr. Sumack. «Und er kommt nicht mehr ins Schlafzimmer und schreit nach seiner Mutter, während ich schlafe, und er ist so still und brav, daß er nur noch flüstert. Na, gibt's irgendwo einen besseren Jungen?»

Man mag das ungewöhnlich finden, aber es war völlig normal. Ignoranz ist eine hohe Mauer, die man kaum überwinden kann, steiler als jede Klippe. Ich führte oft solche Gespräche. Schockierend, aber wahr. Doch dieses war das letzte seiner Art.

Ich fand, daß die Welt voller Idioten war. Deshalb beschloß ich, sie zu verlassen, aber vorher entführte ich diesen Jungen und brachte ihn zu Gabriella in die Hütte am Fluß. Sobald sie den Jungen auf meinem Arm sah, schrie sie auf und rannte durch das Zimmer, nachdem sie seit Monaten kaum vom Stuhl in ihrer Küche aufgestanden war.

«Ich weiß, er ist nicht Ihr Sohn», sagte ich, «aber er braucht Sie.»

Und ich übergab ihn ihr.

Sie behandelte seine verbrannten Füße und Hände und die gebrochenen Knochen, wie ein Gärtner seine Orchideen pflegt, und nach wenigen Monaten sagte der Junge die ersten Worte. Noch ein paar Monate vergingen, und er hörte auf zu flüstern und redete lauter. Anfangs ließ Gabriella ihn gar nicht nach draußen, und als sie schließlich einsah, daß er im Freien spielen mußte, erlaubte sie ihm, das Haus zu verlassen, band aber eine lange, weiche Schnur um ihr Handgelenk, die sie dann um seine Taille schlang. Sie holte die Bücher und den Schreibtisch hervor, sparte genug Geld für eine neue Lederkladde und begann, den Jungen schreiben zu lehren.

Ich verliebte mich in sie und wäre am liebsten zu ihr in die Hütte gezogen, um mit ihr gemeinsam den Jungen zu erziehen. Die Idee schien genau richtig. Ich würde mit ihr zusammen abends Maiskolbenpuppen herstellen und ihr tagsüber helfen, den Jungen schreiben zu lehren. Aber sie erwiderte meine Liebe nicht. Ich fragte sie, ob es an meinen Blumenkohlohren liege. Sie versicherte mir, das sei nicht der Grund. Sie habe überhaupt kein Interesse mehr an Männern. «Die Männer sind eine Enttäuschung», sagte sie. Ich versuchte, ihr zu beweisen, daß nicht alle Männer gleich waren, aber sie hatte jedes Verlangen verloren, und ich konnte nichts tun, um es wiederzubeleben.

Sie war meine letzte Hoffnung auf dieser Welt gewesen, und da sie mich nicht dort halten wollte, zog ich mich daraus zurück. Ich begab mich in ein Kloster am Hudson River, ein paar Meilen außerhalb von New York, eine, so hieß es, recht erhabene Gemeinschaft. Ich wollte an einem Ort sein, wo ich mich nicht mehr mit Dummköpfen herumschlagen mußte, einem Ort, wo die Menschen sich für den Geist interessierten, für die Art von Fragen, die Mr. Aldabro in mir entflammt hatte.

Ich lernte dort ein tiefes Glück kennen. Das Alter wurde geehrt, Gewalt war verpönt. Es gab eine große Zahl von Mr. Aldabros, die formale Fragen stellten und die Antworten darauf wußten. Nirgends ein einziger Dummkopf. Ich hatte ein kleines Zimmer mit einer Pritsche und verbrachte meine Tage mit dem Studium von Koans. Das waren Geschichten, die dem Verstand verschlossen blieben, aber im Herzen hell leuchteten. Man konnte Monate damit verbringen, eine einzige Geschichte zu studieren, und es gab Hunderte. Das Studium konnte eine ganze Lebensspanne beanspruchen. Wenn ich je Trauer empfand, dann um die Kinder, um Gabriella, die ich immer noch liebte und an die ich oft dachte.

Ich praktizierte ein Gemisch aus verschiedenen Meditationsformen, übernahm ein bißchen hiervon, ein bißchen davon. Ich liebte die Sprechgesänge der Buddhisten, mir gefiel das Kokosnußopfer, das bei den Hindus so beliebt war, und von den Moslems übernahm ich die Sitte, einen Gebetsteppich auf den Boden zu legen und immer in Richtung Osten zu beten. Ich mochte den Rosenkranz der katholischen Kirche und meditierte nie ohne ihn.

Ich wanderte immer in wehenden Gewändern durch das Kloster. Meine Haare ließ ich sehr lang wachsen, so daß sie fedrig über meine Blumenkohlohren fielen. Gelegentlich trug ich goldene Sandalen mit kleinen Absätzen.

Da ich noch kein Gelübde abgelegt hatte, wurden mir diese Allüren gestattet.

Viele Jahre vergingen, und als ich mir nicht mehr vorstellen konnte, anderswo zu leben, legte ich das Gelübde ab. Meine Allüren gab ich widerspruchslos auf – die wehenden Gewänder, die goldenen Sandalen, die langen Haare, und nun mußte ich nach bestimmten Regeln für eine bestimmte Zeit meditieren, und ich mußte die jungen Schüler unterweisen, so wie ich unterwiesen worden war. Man erlaubte mir allerdings, den Rosenkranz und den Gebetsteppich zu behalten und weiterhin in meinem Zimmer Kokosnußopfer darzubringen.

Ich hatte keine Schwierigkeiten, mich diesen Vorschriften zu fügen, und ein Jahr lang ging alles gut, ja, auch noch ins zweite Jahr hinein – bis der Leiter des Klosters, ein weiser, alter Mann, beschloß, mich in den kleinen Tempel in New York zu schicken, wo es eine wachsende Laiengemeinde gab. Meine Aufgabe sollte darin bestehen, ihre Laienfragen zu beantworten.

Ich war entsetzt und wandte mich an den Obersten Mönch. Ich ging in den Raum, wo er saß, um auf Fragen einzugehen. Es war ein sehr ritualisierter Vorgang, aber daran war ich längst gewöhnt. Einem normalen Menschen mag es bizarr erscheinen: Man betrat den Raum, in dem der Mönch in seinen Gewändern auf einer mit roter Seide eingefaßten Strohmatte saß. Man verneigte sich zweimal, das heißt, man ging auf Hände und Knie, berührte mit der Stirn den Rand der Matte, und nachdem man sich wieder erhoben hatte, kniete man erneut nieder, legte die Hände aneinander und verneigte sich ein letztes Mal. Dann nahm man mit dem Mönch, dessen Augen bis dahin geschlossen gewesen waren, Blickkontakt auf und stellte ohne weitere Umschweife seine Frage. Der Mönch antwortete darauf, oder er stellte eine Gegenfrage, und dann begann eine Debatte, falls der Mönch dazu bereit war, aber wenn er befand, daß das Gespräch beendet sei, klingelte er einfach mit der Glocke neben ihm, und man war entlassen.

Ich ging jetzt zu ihm, und nach den rituellen Verbeugungen sagte ich laut und deutlich: «Eure Entscheidung, mich nach New York zu schicken, um die Fragen der Laien anzuhören, möchte ich respektvoll hinterfragen.»

«Warum?» fragte er.

«Ihr wißt, daß ich viele Jahre als Kinderarzt gearbeitet und viele Kinder enttäuscht habe», sagte ich. «Das heißt, ich habe sie alle enttäuscht, bis auf einen Jungen. Ich glaube, ich sollte lieber die Fragen der jungen Mönche hier im Kloster beantworten. Ich bin mit meinem Koan-Studium schon sehr weit fortgeschritten.»

«Woher weißt du, daß du alle Kinder bis auf eines enttäuscht hast?» fragte er.

«Weil die Kinder immer wieder mit ihren Wunden zu mir zurückgekommen sind», sagte ich. «Ich habe nie erreicht, daß die Eltern auf mich hörten.»

«Aber das ist lange her. Vielleicht haben deine Worte und Taten jetzt mehr Kraft. Willst du sagen, daß du die Ursache und die Wirkung aller deiner Worte und Taten kennst?»

«Nein», sagte ich, «aber in diesem Fall ist mir völlig klar, daß es so ist, wie ich sage.»

Er griff zu seiner Glocke, und ich wurde nach New York City geschickt, zu der Laiengemeinde, die immer größer wurde. Während der Wochentage mußte ich in einem kleinen Raum außerhalb des Tempelbereichs sitzen und die Fragen der Schüler beantworten.

Sie folgten den gleichen Ritualen wie wir im Kloster – sie verneigten sich zweimal, dann knieten sie auf dem Rand der Matte, auf der ich saß, nieder, und nachdem sie die Hände aneinandergelegt und sich noch einmal verbeugt hatten, sagten sie ihren Namen und stellten mehr oder weniger knapp ihre Frage.

Aber sie waren keine Schüler, so wie ich einer gewesen war, sondern Menschen aus der normalen Welt. Sie kamen einmal in der Woche, oder zweimal, wenn sie es sehr ernst meinten, und ich konnte nicht ausschließen, daß sich Dutzende von Mr. Sumacks unter ihnen befanden. Ihre Fragen waren oft traurig und ohne Leidenschaft. Manchmal schweiften meine Gedanken ab. Ich hatte die Welt verlassen, um mich nicht mehr mit Dummköpfen herumschlagen zu müssen, und nun saß ich wieder in einem kleinen Raum und mußte mich mit Dummköpfen abgeben. Aber wenigstens hatte ich eine Glocke. Mit dieser Tatsache tröstete ich mich.

Es gab einen jungen Mann, der dreimal pro Woche kam, jede Woche, und dieser Mann stellte meine Geduld auf eine harte Probe. Er trug Lederhosen und Stachelketten um Hals und Handgelenke und hatte an vielen Stellen Piercings – an Ohren, Nase, Augenbrauen, Zunge. Seine Fragen waren so primitiv, daß ich sie nur mit Mühe ertragen konnte und oft klingelte.

Er hatte ein Zitat auswendig gelernt, das an der Wand des kleinen Tempels hing. Dieses Zitat hatte er sich so sehr zu Herzen genommen, daß es ihn zu quälen begann. Es hing, auf Pergament geschrieben, ganz allein an einer kahlen Wand. Es lautete: «Laßt mich euch respektvoll daran erinnern, daß Leben und Tod Fragen von höchster Bedeutung sind. Die Zeit vergeht sehr schnell, und die Gelegenheit ist vertan. Erwacht. Erwacht ... Gebt acht, daß ihr euer Leben nicht verschwendet.»

«Ich denke die ganze Zeit an diesen Spruch», sagte er, als er zu mir kam. «Aber ich habe Probleme damit. Wie erkenne ich eine Gelegenheit?» fragte er. «Ich befürchte, daß ich nicht merke, wenn sie an meine Tür klopft.»

«Dann wirst du es auch nicht merken, wenn sie nicht klopft», erwiderte ich.

«Was?» sagte er, und ich klingelte.

Beim nächsten Mal sagte er: «Vielleicht ist der Mann in der U-Bahn neben mir eine Gelegenheit, und ich merke es nicht, und dann ist die Gelegenheit verpaßt. Ich sehe mich um, und überall könnte eine Gelegenheit sein. Alles könnte eine Gelegenheit sein – wie zum Beispiel heute morgen, da bin ich fast von einem Chinesen auf einem Lieferfahrrad überfahren worden. Er hielt an und wollte mit mir reden, aber ich hatte es eilig, weil ich daran dachte, wie schnell die Zeit vergeht, und deshalb war ich kurz angebunden. Aber gleich darauf dachte ich, er könnte eine Gelegenheit gewesen sein. Und im Kopf habe ich ein ganzes Szenario entwickelt. Daß er mich in sein Restaurant einladen würde, weil er mich fast überfahren hat, und daß ich in dem Restaurant jemanden kennenlernen würde, der dann –»

Ich griff zu meiner Glocke und klingelte.

Ein paar Tage später kam er wieder.

«Das andere Problem ist die Sache mit dem ‹Gebt acht, daß ihr euer Leben nicht verschwendet›», sagte er. «Wenn ich etwas tue, frage ich mich die ganze Zeit, ob ich nicht mein Leben verschwende. Zum Beispiel, wenn ich die Wäsche falte oder das Geschirr spüle, dann frage ich mich: Verschwende ich jetzt mein Leben? Oder wenn ich der alten Frau zuhöre, die neben mir wohnt. Sie redet pausenlos langweiliges Zeug. Verstehen Sie meine Frage?»

«Ja», sagte ich. «Du verpaßt die Gelegenheit und verschwendest dein Leben wegen dieses Spruchs, der aufgehängt wurde, um dich respektvoll daran zu erinnern, nicht die Gelegenheit zu verpassen oder dein Leben zu verschwenden.»

«Ja, ich weiß», erwiderte er. «Aber ich weiß nicht, was ich tun soll. Wie kann ich damit aufhören?»

«Indem du aufhörst», sagte ich.

«Was?» sagte er. «Das verstehe ich nicht.»

Ich schloß die Augen und klingelte.

Ein paar Tage vergingen, ehe er wiederkam. Ich kannte inzwischen seinen Geruch. Er verwendete ein penetrantes After-shave, und die Ketten um Hals und Handgelenke klirrten. Diesmal sagte er: «Ich möchte wissen, was ich mit meinem Leben tun soll. Wie finde ich es heraus?»

«Möchtest du es wirklich wissen?» fragte ich.

«Ja», sagte er.

«Wenn dein Wunsch stark genug ist, wirst du es wissen.»

«Sie sagen, wenn mein Wunsch stark genug ist, werde ich es wissen, aber wir beten hier ein Gebet, in dem es heißt, daß wir geloben, alle Wünsche loszulassen. Ist das nicht ein Wunsch? Wenn man sich wünscht, alles Wünschen sein zu lassen?»

«Ja, siehst du», sagte ich.

«Was heißt siehst du?»

Ich klingelte.

Als er das nächste Mal wiederkam, sagte er mir, er wisse nicht, wie er sein Leben leben solle.

Ich sagte: «Ich kann es dir nicht sagen.»

«Ich fürchte, ich verschwende es», sagte er.

«Und? Verschwendest du es tatsächlich?»

«Ja – aber was soll ich tun?»

«Was ist deine Aufgabe?» fragte ich ihn.

«Ich weiß nicht.»

«Dann weiß ich es erst recht nicht», sagte ich.

«Wie kann ich es herausfinden?»

«Ich weiß es nicht, aber wenn du es wissen willst, wirst du es herausfinden.»

«Ich will es wissen, aber ich schaffe es nicht.»

«Dann wünschst du dir es nicht genug. Das ist das Gesetz.»

«Aber ich dachte, es wäre ein Gesetz, sich von allen Wünschen loszusagen.»

«Das ist nicht möglich», sagte ich.

«Aber ich dachte, es ginge.»

«Ich habe vieles gedacht und mich geirrt.»

«Das ist sehr verwirrend», sagte er.

Und wieder klingelte ich.

Als ich ein paar Tage später abends nach Hause ging, wartete er draußen auf der Straße auf mich. Ich hatte einige Straßen weiter ein Zimmer gemietet und legte die Strecke zwischen diesem Zimmer und dem Tempel jeden Morgen und jeden Abend zu Fuß zurück. Er mußte das beobachtet haben, und nun wartete er auf mich.

«Kann ich mit Ihnen sprechen?» fragte er. «Von Mensch zu Mensch, ohne diese Verbeugungen und den ganzen formalen Quatsch und die blöde Glocke?»

Ich war etwas gereizt, nickte aber zustimmend, und er begleitete mich die 23. Straße entlang.

«Warum können Sie nicht wie ein normaler Mensch reden?» sagte er. «Warum können Sie nicht einfach ‹okay› oder so was sagen, statt bloß zu nicken?»

Ich griff nach meiner Glocke, aber sie war nicht da. Ich befand mich in der Welt.

«Gut, meinetwegen», sagte ich. «Ich werde als Mensch sprechen, wie du sagst.» Aber das war zugegebenermaßen gar nicht leicht. Meine Gewänder erregten Aufmerksamkeit. Und seine Stimme wurde immer lauter.

«Es macht mich wahnsinnig, die Art, wie ihr Typen immer nickt und so, ihr seid alle unheimlich arrogant in eurer Erleuchtung. Sie hatten sicher ein tolles Leben mit allem, was man braucht. Sie sitzen da in Ihren Gewändern, und für Sie ist alles geregelt, aber mein Leben ist schwierig. Ich weiß, es ist komisch, wenn ich Ihnen das mitten auf der Straße erzähle, aber ich bin als Kind geschlagen worden, und ich hatte oft Hunger. Das ist nicht spurlos an mir vorübergegangen, kann ich Ihnen flüstern.»

Er gestikulierte heftig, und ich bemerkte, daß seine Ellbogen gebrochen gewesen und so verheilt waren, daß die Unterarme sich nach hinten drehten. Ich blieb stehen und schaute ihn an. Er war eins meiner Kinder – groß geworden. Ich war richtig ergriffen, als ich ihn da stehen sah, einen erwachsenen jungen Mann.

Ich wußte nicht, was ich sagen sollte, und sehnte mich nach meiner Glocke. Ich fragte ihn, ob er einverstanden sei, eine Weile schweigend weiterzugehen, damit ich meine Gedanken sammeln könne. Er sagte ja.

Er blieb den ganzen Weg an meiner Seite. Er schwieg, wie ich ihn gebeten hatte, und als ich ihn in mein Zimmer einlud, stieg er wortlos hinter mir die drei Stockwerke hinauf. Ich bot ihm meinen Stuhl an und nahm selbst auf der Bettkante Platz.

«Sie haben Glück», sagte ich. «Ich bin nur geprügelt worden. Man hat mich nicht hungern lassen.»

Er starrte mich an.

«Ein Mensch, der geschlagen wird, weiß, wie ungeheuer

schön es ist, nicht geschlagen zu werden, während ein Mensch, der nie geschlagen wurde, dies nicht weiß. Er wird nie wirklich verstehen, was es heißt, nicht geschlagen zu werden, weil er ja nie geschlagen wurde. Seine Perspektive ist beschränkt. Der Mensch, der geschlagen wurde und es schafft, ein Leben zu leben, in dem er nicht geschlagen wird, kann das Leben sehr viel besser verstehen und würdigen als ein nicht-geschlagener Mensch dies je können wird. Und dieses Wissen ist viel wert. Und der Mensch, der hungern mußte, weiß die Bedeutung von Nahrung zu schätzen, weiß, wie schön es ist, satt zu werden. Er begreift die Wichtigkeit des Essens auf eine Art, wie sie ein Mensch wie ich, der nie hungern mußte, nie begreifen wird. Die Sichtweise des Menschen, der nie gehungert hat, ist begrenzt. Ich werde das Wunder der Nahrung nie so würdigen und verstehen können wie du.»

Der junge Mann saß lange reglos da, bis er schließlich sagte: «Ich bemitleide den Menschen, der nie geschlagen wurde und nie hungern mußte.»

Und eine große Last fiel ab.

Deutsch von
Adelheid Zöfel

Engel an ihrer Seite

Virginie Despentes

«Sicher ein verheirateter Mann», und zerreißt das Papier, in dem der Zucker eingewickelt war, der Ton ist heiter, wie immer, wenn ein normales Gespräch zu Ende geht, nichts Besonderes, eine ganz alltägliche Sache, die erledigt werden muß, wie ein Zahn, den man sich ziehen läßt.

Das war noch der Vorabend, taghell, alles sah anders aus. Sie hatte den Kaffee bezahlt, den Ort verlassen, in aller Seelenruhe, noch.

Schon seit einigen Tagen begleitete sie der Engel zur Linken, in klaren, unmißverständlichen Träumen, er half ihr beim Händewaschen, das Wasser rötlich, und sie wußte nicht, warum, woher, laues Wasser perlte an ihren Handflächen ab, der Engel zur Linken beschützte sie.

Auf dem Krankenhausbett liegt Zeitungspapier aus, bis man sich ihrer annimmt, nutzt sie die Zeit zum Haarewaschen, das Wasser ist sehr heiß, ihre Augen halb geschlossen, sie denkt an nichts. Schwer hängt das Wasser an ihren Locken, Tropfen für Tropfen rinnt aufs Papier, der dunkle Fleck wird immer größer, die Feuchtigkeit breitet sich aus, das Papier sieht aus wie Stoff. Ihr Blut ist noch kalt, die Angst gerade im Entstehen, noch ist alles an seinem Platz, und alles paßt zusammen.

Ein Kind in ihrem Bauch, der ist noch flach, sie streicht sich über den Körper, die Brüste kommen ihr ein wenig zu dick vor, ein wenig zu schwer, sie spürt die Last, etwas sollte sich in ihrem Bauch regen, das würde sie gern spüren, sie konzentriert sich darauf, auf das Kind in ihr drin, aber da ist nichts außer ihrem eigenen Geruch, so stark, so lästig wie Lärm, man kann ihm nicht entgehen, ihn nicht abstellen, diesen ekelerregenden Krach, er breitet sich in ihrem Innern aus, Übelkeit steigt in ihr auf wie eine Säule, wird fest, die Säule teilt sie in zwei.

Nachdem sie diese Pille geschluckt hatte, spielten sich seltsame Dinge ab, auf dem Bett liegend, in Zeitlupe, die Zeit schwer, schwer zu schlucken, vom Nabel an stürzte der ganze Bauch nach unten.

Der Vater des Kindes. So lange hatte sie es sich versagt, über ihn nachzudenken, inzwischen dachte sie nicht mehr daran, es spielte keine Rolle.

Süße Dinge, zuckersüße, in seinen Mund beißen, kriechen, schlüpfen, nun bist du in meinem Leib, in meinem Fleisch, von den Kacheln rinnt Schweiß.

Wie ein nichtiger kleiner Gedanke aus der Masse aufsteigt, eine harmlose Anekdote, kein Grund zum Argwohn, wie einem die Tränen in die Augen steigen und die Luft abschnüren, sie nehmen die ganze Kehle ein, und der Schraubstock nimmt Gestalt an.

Nimmt feste Säulengestalt an, von der Mitte, es ist der brennende Schmerz, Lavastrom, geht aus von zerfetzten Eingeweiden. Die Säule, der Schraubstock, dieses feste, unverwundbare Etwas, ist riesig geworden, mühelos dringt es vor, mit einem Schlag kämpft es sich frei, und macht alles andere zunichte.

Der Engel ist an ihrer Seite, er zieht sie leicht nach oben, knapp oberhalb der glühenden Kohlen, hundertmal wird sie gehäutet, und hundertmal wächst die Haut nach, um bei lebendigem Leibe abgezogen zu werden, um lebend verbrannt zu werden.

Der Engel ist an ihrer Seite, als hielte er ihr den Arm, er hebt sie sanft hoch, erspart ihr das Allerschlimmste.

Sie atmet tief und tiefer ein, sie liegt auf dem Rücken, ihre Hände krallen sich in die besudelten Laken, sie keucht heftig, regelmäßig, als würde sie ein Kind gebären, als hätten die ersten Wehen eingesetzt, sie verliert jede Kontrolle über das, was noch kommen muß.

Stoßwelle,
fegt über alles hinweg, fegt alles weg.

Wenn du es mit mir treibst, wenn du mir deine Lenden zu spüren gibst, dann geht mir das durch und durch, es tut so gut, dein Becken, die Stöße, reißen in mir was ein, reißen Mauern ein, ein Stück Himmel wird sichtbar, meine Mitte tut sich auf, weit, ganz weit, aus mir dringen Wolkenfetzen, es nimmt kein Ende, und meine Kehle füllt sich mit Meer, warum kannst nur du mir diese Lust schenken, warum verdanke ich dir diese Lust, Sonnen kreisen über meinem gewölbten Leib, über meinem nassen Körper, du kommst mir so unendlich nah, und dann ist mein Bauch ein Hort, für dich gebaut mit sanfter Neigung, damit du hineingleiten kannst, endlos hineingleiten kannst, ohne je auf Grenzen zu stoßen, wenn ich die Augen öffne, stürze ich in deine, immer schon habe ich darauf gewartet, das ist die Mitte der Welt, ihr Herz, dafür wurde ich geschaffen, für dich wurde ich geschaffen, um dich einzuschließen, mich dir ganz zu öffen, siehst du es, dieses Männchen, wie es schwebt, hoch am Himmel schwebt, die Arme weit ausgebreitet, die Schwerkraft, die Stille, unter seinem Bauch spürt es die Leere des Alls, sie trägt es, sie streicht ihm sanft um die Schläfen, sie trägt es hinweg, es schwebt, siehst du es, siehst du das Männchen?

Ganz leise spricht sie zu ihm, hat sich in eine Ecke des Bettes zusammengerollt, zittert vor Kälte, während sie diese Litanei herunterbetet, ihre Zähne klappern und hacken die Worte entzwei, die ihr von den Lippen schlüpfen, was bildet sie sich überhaupt ein, gleich wird sie aufstehen, und dann ist Schluß mit dem Theater.

Weißt du eigentlich, was in dir steckt? In dir drin steckt? Ist dir klar, was du gerade angerichtet hast?

Sie hat gerade an ihn gedacht, erinnert sich, über seine Schnürsenkel gebeugt spricht er von seiner Frau, erinnert sich auf ihre Weise daran, noch im Bett liegend, noch nicht angezogen, sie darf sich nichts anmerken lassen, sie muß ihn zu nehmen wissen, höflich bleiben, feige, falscher Stolz, «Denn ich liebe sie wirklich, das mußt du verstehen.»

Sie liegt auf dem Bauch, verbeißt sich ins Kopfkissen, Stück für Stück verrutscht die Matratze, schwankt, schaukelt und wiegt sie, unerträgliches Wiegenlied, sie berührt ihren Bauch und die Innenseite der Schenkel, weiße Masse, die sich in die Laken drückt, an ihren Fingern haftet der Geruch von Tod, vom feuchten Moder in ihrem Innern, wenn sie das Kind hätte wachsen lassen, wäre es vermodert zur Welt gekommen, höchstwahrscheinlich, ein Pilzkind, das einzige, was sie hervorbringen kann, was aus ihrem Innern dringen kann, verkommen und verdorben, ein Pilzkind.

Eine Krankenschwester schleicht sich ein, achtet darauf, daß alles gut läuft, daß nicht zuviel Schaden angerichtet wird, wenn alles den Bach heruntergeht.

Die Zigaretten, viel zu viele Zigaretten, nehmen einem den Atem, lassen keine Luft durch, weder ein noch aus, und die Wände rücken immer näher, und die Laken werden immer schwerer.

Sie könnte schwören, sie verliert das Blut gleich liter-weise, und sie spürt, wie das Kind herauskommt, sie spürt das Kind und hebt das Becken, sie tut so als ob, gebiert schreiend ein Nichts, Herzklopfen, Schlangennest, Schlan-gen winden sich unter der Haut, unter der Bauchdecke, vom Nabel an, gierig schaben Reptilienzungen an ihren Eingeweiden, sie dreht sich auf den Rücken, versucht zu atmen, schneidet Grimassen vor lauter Anstrengung, das Atmen strengt an.

Sie bleibt allein im Zimmer zurück, das Nachbarbett ist leer, sie stöhnt, aber es ist kein Laut zu hören.

Deutsch von
Patricia Klobusiczky

Glück

Doris Dörrie

Meine Freundin Claudia schloß die Ladentür ab und ließ die Jalousie herunter.

Wir waren unter uns, Ralf und Mirja, Tav und Sabine, Claudia und ich. Die Tao-Party unseres vegetarischen Imbisses «Der Siebte Himmel» war ein voller Erfolg gewesen.

Tav holte das Bier aus dem Kühlschrank und öffnete es zischend.

Auf das Tao, sagte er und warf mir eine Dose zu. Weißt du eigentlich, daß du ganz rote Augen hast?

Ich war heute früh schwimmen.

Schwimmen, wiederholte Tav kopfschüttelnd, also für mich siehst du aus, als hättest du gekifft.

Früher besaß Tav die heißeste Disco von Wiesbaden, wir kennen uns seit mehr als zehn Jahren. Kaum zu fassen. Heute ist er Immobilienberater bei der Hypo-Bank. Seine langjährige Freundin Sabine ist Goldschmiedin und macht klobigen, häßlichen Schmuck, aber sie ist ein nettes Mädchen. Immer ein bißchen zu dick, aber sie hat sehr schöne dichte rotbraune Haare.

Die Chinesen sagen, alles kann man essen, wenn man es ganz klein schneidet, kicherte Ralf und zerhäckselte einen dicken Klumpen scharzen Afghanen mit unserem besten japanischen Küchenmesser.

Ich sah, wie Claudia die Zähne zusammenbiß, sich geschäftig abwandte und die Teller abräumte. Sie mochte unsere Kifferabende nicht, aber sie konnte sich nicht beschweren, meine Idee hatte eingeschlagen wie eine Bombe: Das Tao des Kochens. Freies Essen, freies Trinken – allerdings nur Tee, denn wir haben keine Alkohollizenz. Ein ausgewähltes Publikum an stadtbekannten Kulturwichsern, ein bißchen Presse, ein paar Filmfreunde aus meinen alten Tagen und schon um drei Uhr nachmittags war der Laden brechend voll.

Sie fraßen uns die Haare vom Kopf. Besonders die Nachspeise aus Mohnmus und Pannacotta als Yin-Yang-Symbol war ein Hit. Auch meine Idee.

All diese Menschen mit ihren engen, kleingeschrumpften Herzen unter ihren teuren Hemden löffelten den Yin-Yang-Pudding mit solcher Inbrunst in sich hinein, als könnte er sie retten. Ich hatte arrogantes Mitleid mit ihnen, fühlte ihre Verzweiflung über ihr Leben, das nicht in ihren Körpern stattfand, sondern irgendwo außerhalb, aber wo genau, das wußten sie nicht. Sie glaubten an Geld und Erfolg und an Mercedes Benz.

Claudia lächelte den ganzen Nachmittag über gezwungen milde und strich immer wieder über ihre lange weiße Schürze, als müsse sie sich die Hände abwischen. Sie ist nicht einverstanden mit meinem neuen Verkaufskonzept für den «Siebten Himmel», obwohl wir seit Januar bereits 50 Prozent mehr Umsatz gemacht haben als im Vorjahr, aber Claudia hielt es für unmoralisch, den Leuten zu geben, was sie wollten.

Ich ging zu ihr und legte meinen Arm um ihre Schultern. Sie sah hübsch aus mit ihren hochgesteckten Haaren. So ernsthaft.

Hey, alles klar? Sie zuckte unmerklich mit den Schultern.

Ging doch prima, sagte ich.

Ihre Freundin Mirja kam auf uns zu und schleckte den letzten Yin-Yang-Teller ab. Na, Fred, was bin ich jetzt deiner Meinung nach? Ein Yin- oder ein Yang-Typ?

Ich musterte sie. Eine dünne Bohnenstange mit einem schmalen, interessanten Gesicht. Ein bißchen hysterisch. Der Typ, der laut schreit im Bett.

Ich nahm ihr Handgelenk zwischen zwei Finger und tat so, als fühlte ich ihren Puls. Zuviel Yin, sagte ich. Eindeutig zuviel Yin. Müde, lustlos, lethargisch, einfallslos, erdverhaftet, ängstlich, engstirnig, mutlos ...

Sie lachte. O je, was mach ich da nur, sagte sie und legte sich meinen freien Arm um die Schulter. In dem anderen hielt ich immer noch Claudia, die sich jetzt löste und weiter Teller zusammenräumte.

Weißt du, daß deine Augen ganz rot sind? fragte mich Mirja und sah mir tief in die Augen.

Jetzt laß doch Claudia, sagte ich, das machen wir morgen. Claudia schüttelte den Kopf.

Sabine setzte sich auf den Boden und lehnte sich mit dem Rücken an die Spülmaschine. Ralf setzte sich neben sie und reichte ihr den Joint. Kurze Zeit später saßen Mirja, Tav und ich ebenfalls auf der Erde.

Hinter mir schnurrte sanft der Kühlschrank wie eine große Katze. Claudia stellte die Teller auf der Arbeitsfläche ab, weil Sabine die Spülmaschine blockierte. Mirja zupfte sie an der Schürze. Jetzt hör doch auf, sagte sie.

Claudia lächelte und machte weiter.

Was mach ich nur gegen mein faules, müdes Yin-Wesen? stöhnte Mirja.

Du mußt Knoblauch essen, sagte Claudia kühl. Dadurch yangisierst du zuviel Yin.

Yangisierst du, kicherte Tav.

Ja, sagte Claudia kühl, so heißt das eben.

Achtung, sagte ich, Claudia nimmt das alles sehr ernst.

Ernster als du bestimmt, sagte Claudia scharf, du verscheuerst es nur.

Alle verstummten erschrocken einen Moment.

Ich habe vorhin mit einem Typen gesprochen, sagte dann Sabine, der Disharmonien schlecht ertragen kann, der hat mir erzählt, daß er immer Zitronen dabei hat, ganz gleich, wo er ist. Er arbeitet für Ikea ...

Ikea, prustete Mirja und gab den Joint weiter an Tav.

Ja, fuhr Sabine fort, er muß öfter zur Fortbildung nach Schweden ...

Fortbildung, kicherte Tav. Da werden dann die Namen der Möbel gepaukt. Klippan. Billy. Töftan. Er zeigte mit einem Kochlöffel auf unsere Schränke.

Büllebröd, sagte Ralf.

Tav zeigte auf den Herd.

Smörre, sagte Ralf. Die Spülmaschine. Upsala, sagte Tav. Die Barhocker.

Tröntworm, sagte Ralf. Nein, Köttbullar, rief Tav.

Nein, sagte Ralf, nein, nein, nein. Doch nicht Köttbullar.

Ja, genau. Köttbullar heißen diese schrecklichen Fleischpflanzerl bei Ikea, lachte Mirja.

Köttbullar riefen alle und hielten sich die Bäuche vor Lachen.

Ich kenne Leute, die fahren nur zum Lachsessen zu Ikea, erzählte Mirja.

Ist nicht dein Ernst, sagte Tav und gab mir endlich den Joint.

Doch, wirklich, sagte Mirja. Ich habe eine Freundin, die schreibt für die Zeitschrift «Eltern», und weil sie sich keinen Babysitter leisten kann, fährt sie zu Ikea, gibt ihr Kind im «Kinderparadies» ab, setzt sich in die Cafeteria und schreibt.

Und ißt Köttbullar, sagte Tav.

Wir lachten wieder wie die Geisteskranken. Alle außer Claudia. Was war jetzt mit dem Ikea-Typen, fragte sie nüchtern.

Naja, der nimmt überall hin Zitronen mit, sagte Sabine, weil er meint, daß er auf seinen Reisen an Yin-Kräften verliert. Aber wenn er auf alles ein bißchen Zitrone träufelt, yinisiert das das Essen und es geht ihm besser. Außerdem glaubt er, daß er allein durch den Anblick einer Zitrone mit dem Yin in Verbindung steht. Gelb, kühl und säuerlich.

Und in Schweden gibt es keine Zitronen oder was? fragte ich.

O Mann, stöhnte Ralf, was die Leute so alles machen. Das ist doch der Horror, oder?

Um glücklich zu sein, sagte Claudia, einfach nur um glücklich zu sein.

Wir sahen alle gleichzeitig zu ihr hoch. Sie strich sich energisch eine Haarsträhne, die sich gelöst hatte, hinters Ohr.

Ich reichte ihr den Joint, den sie zwar entgegennahm, aber sofort an Sabine weiterreichte. Claudia kifft nie. Trinkt nie. Läßt sich nicht gehen. Sie verliert nicht gern die Kontrolle.

Was ich gern von euch wissen würde, sagte Claudia langsam, ist, wann und wie ihr heute glücklich wart. Richtig glücklich.

Ha, sagte Mirja laut und hielt sich dann die Hand über den Mund, als hätte sie etwas Unanständiges gesagt. Sie zog ihre Stöckelschuhe aus und legte ihre Füße auf Ralfs Knie. Abwesend nahm Ralf ihre Füße in die Hand und massierte sie.

Hier zum Beispiel, sagte Sabine, heute abend. War doch ein ziemlich gutes Fest. Also, die Leute haben sich amüsiert. Ich war glücklich. Doch.

Das meine ich nicht, sagte Claudia, ich meine echtes, wirkliches, richtiges Glück.

Ach, Claudia, sagte Tav, quäl uns nicht mit so einem Scheiß.

Ich schnappte mit einer Hand nach Claudias Fußgelenk. Ihre schmalen Gelenke haben mir immer gefallen. Ich sah zu ihr hoch. Sie drehte sich um, nahm einen Wischlappen aus der Spüle und wollte losgehen, um die Tische abzuwischen. Ich hielt ihren Knöchel fest, aber sie trat nach mir wie ein Pony.

Was ist los mit dir? fragte Tav. Claudia zuckte die Achseln.

Ihr habt doch überhaupt keine Ahnung, sagte Mirja.

Aber du, sagte Ralf. Die Stimmung drohte abzustürzen wie eine abgeschossene Tontaube.

Also, rief ich laut, ich war heute früh beim Rasieren so richtig glücklich. Frag micht nicht warum, aber ich war's.

Claudia hob nur kurz den Blick und wischte weiter.

Und als ich den ersten Yin-Yang-Teller gemacht habe und der wirklich perfekt aussah, fuhr ich fort.

Er war perfekt, nickte Mirja, einfach perfekt. Ralf drehte den nächsten Joint. Er ist Assistenzarzt im Krankenhaus Rechts der Isar, und ich bin nicht so sicher, ob ich mich von ihm gern behandeln lassen würde. Er hat grobe Hände und ist meistens zugekifft. Wie Mirja das aushält, ist mir ein Rätsel. Wahrscheinlich, weil sie sich durch ihre unterschiedlichen Arbeitszeiten eher selten sehen. Sie managt das Holiday Inn an der Leopoldstraße. Ich darf deshalb dort umsonst an den Swimming Pool und in die Sauna. Heute früh war ich da, um Kräfte zu tanken für unsere Tao-Party.

Mußt du ausgerechnet jetzt schwimmen gehen? hatte mich Claudia gefragt, während sie die Melonen für die Vorspeise entkernte.

Ja, sagte ich, es beruhigt mich.

Bist du nervös? Sie beugte sich über das Rezept. Melonen als Anahata Gericht für das vierte Chakra, das Herz-Chakra. Anahata-Gerichte nähren Gefühle, Stimmungen und Ahnungen, stand in dem taoistischen Kochbuch, aus dem wir uns kichernd gegenseitig vorgelesen hatten. Iß eine Melone und öffne dein Herz.

Ja, sagte ich und schob mir ein Stück Melone in den Mund, stell dir vor. Ich bin schrecklich nervös.

Dann hau ab und komm nicht zu spät wieder, sagte Claudia, die Nachspeise ist deine Abteilung. Ich nahm meine Jacke und küßte sie flüchtig aufs Ohr.

Es war seltsam, in der eigenen Stadt an einem Hotelpool zu liegen und den arabischen Familienvätern zuzusehen, wie sie ihren dicken Kindern das Schwimmen beibrachten.

Ich lag in meinem weißen Frotteebademantel auf der Liege, schloß die Augen und träumte mich in ihre Welt, während sie sich in meiner aufhielten.

Tiefverschleierte Frauen beugten sich über mich und boten mir flüsternd Sex und Weintrauben an. Palmenwipfel nickten bekräftigend über ihren Häuptern. Dicke schwarze Mercedesse mit Scheichs am Steuer überholten Kamele. Ich wachte davon auf, daß mich jemand am Bademantel zupfte. Eine kleine, recht junge füllige Frau in einem zu engen apfelgrünen Badeanzug mit einer dicken Goldkette um den Hals stand vor meiner Liege. Das Wasser tropfte von ihren nassen schwarzen Haaren auf mich herab.

Bittä, sagte sie mit einem Akzent, der ungarisch oder russisch klang, können Sie mir helfen? Ich blinzelte und richtete mich auf. Die arabische Familie war verschwunden. Niemand war mehr da außer mir und der kleinen dikken Frau im grünen Badeanzug. Sie hatte in ihrer Drallheit etwas überaus Appetitliches. Ihre fleischige Hand deutete auf das türkisblaue Wasser des Pools, das schmatzend vor sich hinschwappte.

Da liegt der Schlüssel zu mein Kleidär, sagte sie. Ihre Augen waren schwarz und schön, ihr Mund in dem runden, glatten Gesicht voll, ihr Busen riesig, mühsam gebändigt von ihrem Badeanzug.

Habe ich ihn verloren, Schlüssel für mein Kleidär in Schrank. Ich kann nicht tauchen, hauchte sie traurig, bittä Sie.

Ich fror jetzt, hatte wenig Lust, mich abermals in den Pool zu stürzen, nach einem winzigen Schlüssel zu tauchen und jede Menge Chlor in die Nase zu bekommen. Ich sah mich nach einem Ersatzspieler um, aber es war tatsächlich niemand zu sehen.

Ich heiße Sonja, sagte sie und streckte ihre Hand aus, die ich reflexartig ergriff. Sie war kalt und naß. Bin ich aus Moskau. Ich nickte und erhob mich langsam. Danke, sagte sie, bevor ich noch irgend etwas unternommen hatte. Deutsche Männer so freundlich. Sie lächelte immer breiter.

Jetzt blieb mir wohl nichts anders mehr übrig. Ich nickte knapp, sprang mit einem Kopfsprung ins Wasser und ließ mich auf den Grund treiben, versuchte die Augen zu öffnen, konnte aber nichts sehen und mußte bald wieder auftauchen. Die kleine Frau stand am Beckenrand, die Hände in die Hüften gestützt.

Mehr in die Mittä, rief sie gebieterisch.

Gehorsam tauchte ich wieder ab und tastete mit den Händen den Boden des Pools ab, fand aber nichts. Schnaufend kam ich an die Wasseroberfläche.

Mittä! rief sie und deutete mit ihrem kleinen dicken Arm nach unten.

Ich tauchte wieder und wieder, fand aber den verdammten Schlüssel nicht. Meine Augen brannten wie Feuer.

Schwer atmend hielt ich mich am Beckenrand fest. Die Frau ging in die Hocke und legte dabei ihren großen Busen auf ihre Knie. Habe ich keine Kleidär ohne Schlüssel, sagte sie auffordernd.

Ich hatte keine Lust mehr. Das sah sie mir wohl an, denn sie strich mir vorsichtig über den nassen Kopf wie einer Robbe. Ich seufzte.

Da, rief sie, da habe ich gesehen Blitz.

Sie stand auf und deutete nun in die hinterste Ecke des Pools. Blitz wie von Silber. Wie von Schlüssel.

Sie lief eilig auf ihren kurzen dicken Beinen um den Pool herum auf die andere Seite und winkte mich herbei.

Ich kraulte zu ihr und tauchte abermals ab wie eine Ente und tatsächlich sah ich jetzt auf dem hellblauen Grund etwas metallisch aufblinken. Ich schwamm drauf zu und umklammerte es mit der Hand. Es war der Schlüssel!

Wie ein Champion schoß ich mit hochgereckter Faust aus den Fluten. Sie stieß einen Freudenschrei aus, der so laut und echt war, daß ich grinsen mußte.

Dankä, sagte sie, dankä, nahm den Schlüssel, drückte ihn an ihren riesigen Busen und lief zu den Umkleidekabinen davon.

Ich stieg aus dem Pool, trocknete mich ab und ging ebenfalls zum Umziehen. Hinter mir beruhigte sich langsam das Wasser, und einen kurzen Moment lang kam ich mir seltsam schwerelos vor, als wäre ich sang- und klanglos, aber zufrieden abgesoffen und niemand hätte es bemerkt.

Ich verspürte nicht die geringste Lust, zu unserem Restaurant zu fahren und mit den Vorbereitungen für den heutigen Abend anzufangen, ich mochte nicht zurück in mein Leben, mit einem Mal konnte ich nur noch mühsam einen Schritt vor den anderen setzen.

Claudia kennt dieses Gefühl nicht. Ich habe versucht, es ihr zu erklären, aber es ist sinnlos. Sie weiß nicht, wie es sich anfühlt, wenn es keinen Unterschied gibt zwischen Bewegung und Stillstand. Wenn das eine nicht mehr bewegt als das andere. Wenn der Stillstand letzten Endes das Bewegendere ist.

Langsam setzte ich einen Fuß vor den anderen auf den glitschigen, fußpilzverseuchten Fliesen bis in den muffig riechenden Raum mit den Umkleidekabinen, wo die kleine Russin in einem hellblauen Flauschpullover mit noch bloßen Beinen ganz allein vor ihrem Spind stand.

Sie lächelte mich breit an. Dankä, sagte sie abermals. Ich wehrte ab und wollte an ihr vorbeigehen zur Männerabteilung, da hielt sie mich am Arm.

Habe ich Geheimnis, sagte sie mit tiefer Stimme, willst du sähen?

Überrascht blieb ich stehen und starrte sie an. Sie war hübscher als zuvor, keine Ahnung, warum. Sie schien zu leuchten, und ihre Hand war nicht mehr kalt. Kleines Dankeschön. Zeige ich dir Geheimnis. Willst du sähen? wiederholte sie.

Ich zuckte ein klein wenig die Schultern, nickte dann.

Sie lächelte befriedigt, ließ mich los und zog sich in einer schnellen Bewegung den Pullover über den Kopf.

Sie hatte drei Brüste.

Drei gleichmäßig geformte runde, feste, weiße Brüste. Drei nebeneinander, eins, zwei, drei. Einfach drei statt zwei. Ich blinzelte, aber es blieben drei.

Sie lächelte milde und winkte mich mit ihrer kleinen fleischigen Hand zu sich heran, und dann konnte ich mir staunend dabei zusehen, wie ich auf sie zutaumelte wie ein trostbedürftiges Kind, vor ihr auf die Knie fiel und meinen Kopf an ihre drei Brüste warf.

Sie griff in meine Haare und zog mich enger an sich. Ich hörte ihr Herz schlagen. Meins blieb, glaube ich, stehen, denn hier war es: das Gefühl von perfektem, glücklichem

Stillstand. Zwischen den drei Brüsten einer Russin. Ich konnte mich nicht erinnern, jemals glücklicher gewesen zu sein. Keine Ahnung, warum.

Du warst wirklich glücklich mit deinem Yin-Yang-Teller? So richtig richtig glücklich? Claudia sah mich mißtrauisch an. Ich nickte.

Na gut, sagte Ralf und zündete den neuen Joint an, soll ich euch sagen, wann ich heute glücklich war? Aber Mirja, du darfst nicht beleidigt sein.

Mirja schüttelte den Kopf und zog die Knie an.

Ne, ne, sagte Ralf, zu gefährlich.

Das ist jetzt blöd, beschwerte sich Tav und machte allen eine neue Dose Bier auf, erst machst du uns heiß und dann kneifst du.

Claudia stellte die Teller in die Geschirrspülmaschine. Also, wann warst du heute glücklich? fragte sie, so weltbewegend wird es schon nicht sein.

Ralf kicherte.

Jetzt sag schon, drängte Sabine.

Wollt ihr das wirklich wissen? fragte Ralf in die Runde. Ich war mir nicht so sicher, aber alle nickten. Claudia klappte die Geschirrspülmaschine zu und richtete sich auf. Jetzt mach's nicht so spannend, sagte sie.

Naja, sagte Ralf gedehnt, heute früh um sechs war Stationsübergabe, danach habe ich mich im kleinen Behandlungszimmer eingeschlossen, einen durchgezogen und mir einen runtergeholt.

O Gott, stöhne Mirja.

Tav kicherte dreckig. Claudia wandte sich ab. Ich verhielt mich ruhig.

Du Ferkel, sagte Mirja, aber beleidigt bin ich nicht.

Ralf sah Sabine an. Und dabei habe ich an dich gedacht, sagte er zu ihr.

Sabine zwinkerte überrascht, verschränkte die Arme vor der Brust und sah zu Boden. Ihre Haare fielen wie ein roter Vorhang vor ihr Gesicht.

Eine unangenehme Pause entstand, und wir hörten uns atmen.

Und dabei warst du glücklich, sagte Mirja leise.

Ich hab doch gleich gesagt, daß du beleidigt sein wirst, sagte Ralf.

Alle schwiegen. Sabine starrte eisern das schwarz-weiße Fliesenmuster des Fußbodens an.

Meine Güte, jetzt tut doch nicht so, beschwerte sich Ralf. Tut doch nicht so, als würdet ihr nicht ab und zu mal an jemand anders denken. Und da hab ich eben zufällig an Sabine gedacht. No big deal. Ich hab's ja nur gedacht. Und auch nur kurz und überhaupt.

Und was ist deiner Meinung nach der Unterschied zwischen Denken und Tun? fragte Mirja scharf.

Ach du Scheiße, stöhnte Ralf, fangen wir jetzt eine erkenntnistheoretische Diskussion an oder was?

Gedanke und Realität widersprechen sich in der Regel, bot ich an, je mehr man denkt, um so mehr zieht sich die Wirklichkeit zurück.

Ist das jetzt wieder irgendso ein Zen-Scheiß? fragte Tav.

Ich habe heute am Pool vom Holiday Inn eine Frau mit drei Brüsten gesehen, sagte ich.

Niemand reagierte. Tav ging auf Ralf zu. Mein Freund holt sich einen runter und denkt dabei an meine Frau. Ist ja klasse, sagte Tav, wirklich klasse. Ich sollte dir jetzt eine reinhauen.

Ich habe tatsächlich eine Frau mit drei Brüsten gesehen, sagte ich, eine Russin. Niemand beachtete mich.

O Mann, stöhnte Ralf, hätte ich bloß nichts gesagt. Aber ihr habt mich gefragt. Er ließ Tav stehen und ging zu Claudia, die an die Spülmaschine gelehnt mit einem Löffel spielte, den sie in die Luft warf. *Du* hast mich gefragt, sagte Ralf drohend zu ihr. Jetzt fragen wir doch mal dich zu Abwechslung. Er nahm ihr den Löffel aus der Hand. Jetzt bist du dran.

Claudia kaute an ihren Lippen. Das bist du mir jetzt schuldig, sagte Ralf leise.

Tja, sagte Claudia zögernd, ... ich glaube, ich weiß gar nicht mehr so recht, wie sich das anfühlt, richtig glücklich zu sein. Deshalb habe ich euch gefragt. Ich wollte, daß ihr mir erzählt, daß ihr es seid. Daß ihr jeden Tag, jeden Morgen fast platzt vor Glück, und euch fühlt wie eine Erbsenschote, wenn sie aufgeht und dann diese perfekten, kleinen grünen Erbsen darin aufgereiht liegen, die nur drauf gewartet haben, ans Licht zu kommen und sich in ihrer Schönheit zu zeigen. Ich kann anscheinend nur noch an Lebensmittel denken ... Sie grinste ein wenig verloren. Ich meine nicht Zufriedenheit, zufrieden bin ich ab und zu schon, wenn der Laden voll ist, der Herd nicht spinnt und Fred anruft, wenn er's versprochen hat. Das meine ich nicht. Ich meine GLÜCK. Allein dieses Wort. Es klingt schon zu kurz. Wie verschluckt, bevor man's überhaupt ausgesprochen hat. Ihr habt wahrscheinlich keine Ahnung, was ich meine. Ich meine das Gefühl, wenn einem unverhofft das Herz aus der Brust springt und man kichernd hinterherrennen muß, damit es einem nicht abhanden kommt. Oder, daß man plötzlich nur aus schimmernder Luft zu bestehen scheint und ein Sonnenreflex an der Wand sein könnte. Oder ein Ton, ein langer tiefer Ton wie eine Schiffssirene. Oder ein hoher. Ein hohes C. Daß irgend etwas in einem singt oder leuchtet, sagte sie leise. Und ich leuchte nicht mehr.

Sie sah mich mit schmalen Augen an. Es ist mir irgendwie abhanden gekommen, und ich weiß nicht wo und wie. Aber wahrscheinlich habt ihr keine Ahnung, was ich überhaupt meine.

Sie verstummte und riß sich mit einer Bewegung die Schürze ab.

Sabine hob den Kopf. Ihr Gesicht war tränennaß.

Ich weiß genau, was du meinst, sagte sie schluchzend, ich weiß ganz genau, was du meinst.

Purpurfarbener Ritter

Beatrix Gerstberger

Ich dachte, er käme aus einem anderen Leben als ich, einem besseren Leben, einem, das glänzt. Lieber Gott, hatte ich gebetet, laß ihn neben mir sitzen, als er in den Tourneebus einstieg. Ich schaute ihn von der Seite an, und ich wußte nicht, was ich sagen sollte, deshalb schwieg ich. Seine Haare waren schwarz und dick, das Gesicht rauh, auf unbestimmte Weise fast verwahrlost, und er trug einen Ring mit arabischen Schriftzeichen. Er rauchte und starrte aus dem Fenster. Es war Juli, wir fuhren durch den Mittleren Westen der USA, die Luft war schwül und dicht, und ich konnte die Städte riechen. Sein Name stand ganz oben auf unserem Plakat, dazu ein Bild von ihm im Frack. Ich, weil nur das Vorprogramm, hockte zwischen den fünf *Lustigen Kärntnern* unten links in der Ecke, die Schultern wie oft hochgezogen: eine fröhlich winkende junge Frau im Dirndl mit Haaren.

Wir reisten durch Amerika und brachten den ausgewanderten Sehnsüchtigen die deutsche Kultur zurück. Was Kultur war, bestimmte Jarkow, der Veranstalter. Es gab keinen Unterschied zwischen anspruchsvoll und beschissen, Hauptsache deutsch. Jarkow hatte sich schon siebenmal für das Bundesverdienstkreuz vorgeschlagen. Jeden dritten Abend lud er uns zu einem Glas Rosé ein. Jutta, seine Sekretärin, servierte Tomatenhälften mit Merrettichhäubchen. Ich aß nichts. Meine Mutter hat immer darauf geachtet, daß ich begabt und dünn bin. Ich will sie glücklich machen, obwohl ich manchmal das Gefühl habe, ich habe mich verhungern lassen, auch mein Herz. Die Motels, in denen wir schliefen, hießen *Super 8*, *Purpurfarbener Ritter* oder *Howard*. Ich mochte ihre flauschigen Teppiche, die großen Fernseher und die in Plastik eingeschweißte Seife. Wir gingen abends über den Parkplatz zu *Pizza Hut*, morgens frühstückten wir bei *Denny's*. Die Kellner waren gut gekämmt, hatten gesunde Gebisse, und ihre Augen unter den Baseballkappen waren müde. Ich bestellte Salat oder Fruchtquark und fühlte mich schlank und liebenswert. Draußen suchten alte Männer in den Mülleimern nach Pizzaresten, und die Neonschilder unserer Motels lockten mit Sonderangeboten für Senioren. Wir fuhren durch Amerika und bewegten uns doch niemals vom Fleck.

Der Schauspieler ignorierte mich. Ich lächelte, er schaute nur, ernst, abwesend. Ich war immer dort, wo er war. Ich zog meinen Minirock an, trug Stilettos und lackierte meine Fingernägel schwarz, stellte mich neben ihn und wartete. «Das ist ordinär», hatte meine Mutter immer zu mir gesagt. «Blondgefärbte Haare, Kaugummi kauen und ein Rock, der knapp unter deinem Slip endet.» Meine Mutter zog mir Kleider mit Rüschen an, die sie auf ihrer Maschine für mich nähte; dann spuckte sie kurz auf ihre Finger, strich mir die Haare aus der Stirn und schickte mich vor unser Haus. Ich stand in der gleißenden Mittagssonne und versuchte verzweifelt, den Speichelgeruch aus meinen Haaren zu reiben. Als ich zwölf wurde, wies sie mich an, gerade zu gehen und anmutig zu lächeln, damit ich später auf der Bühne eine gute Figur mache. Meine Mutter hat immer an meine Stimme geglaubt, mehr als an mich. Mein Vater war irgendwann überflüssig geworden und verschwand. Ich erinnere mich nur noch an seinen weichen rosa Mund, den er mir zum Abschied auf meine Hand gedrückt hat.

Der Schauspieler erzählte nie. Nicht von seiner Mutter, von seinen Träumen, von den Frauen, die es in seinem Leben gab. Von ihm wußte ich nur das, was ich in den Zeitschriftenartikeln gelesen hatte. Sein Vater fuhr zur See, seine Mutter spielte verbissen Karten und trank Kaffee und wartete auf die Heimkehr ihres Mannes. Seine Haare rochen wie die der anderen Teenager nach Meer und Fisch, und er konnte in die vierzig Kilometer entfernte Disco fahren oder sich eine Haschzigarette drehen oder die Stadt verlassen. Er haßte den Geruch von Fischen. Vor einiger Zeit war er in einem erfolgreichen Film über eine berühmte a-cappella-Gruppe aus den zwanziger Jahren aufgetreten. Er war von einer Kinopremiere zur nächsten gereist und hatte kleine Lieder über einen Kaktus und eine Isabella aus Kastillen gesungen und sich gefühlt wie ein Rockstar. Unsterblich. Ich wollte so sein wie er. Ich wollte in sein Leben, um meines zu vergessen.

Soll ich dir mal was Anständiges zum Anziehen kaufen?» fragte er mich nach einer Woche. Seine Stimme war freundlich und ein wenig hoch. Ich sagte einfach «Ja», etwas verlegen, und er drehte mein Haar um seinen Finger, und ich wußte, daß er endlich entschieden hatte, mich haben zu wollen. Wir trafen uns am Abend vor dem Eisautomaten in der Lobby, und ich war einen Moment unsicher, ob er nicht eine von diesen Lieben ist, gegen die man sich am besten mit Händen und Füßen wehrt.

Ich redete über den Wind in der Wüste hinter dem Ayers Rock und meine Großmutter, die immer *Die Donau so blau* gesungen hatte. Ich beschrieb das erste Bild meines Vaters, das lachende, das immer noch in mir hockt und sich nicht mehr greifen läßt, bewunderte Dinah Washington, deren Stimme ich immer noch aufregend finde, und erklärte, wie man Papierschiffchen segeln läßt und wie man Silber putzt. Ich redete drei Stunden lang, trank eine Flasche Rotwein, und er starrte auf meine Lippen, nickte manchmal, grinste und als ich ihn erschöpft anschaute, bezahlte er und nahm micht mit in sein Zimmer.

Er sagte, ich sähe aus wie etwas Eßbares, etwas, in das er seine Zähne schlagen und anschließend zerreißen wolle. Ich fand das bedenklich und auf eine unbestimmte Art auch erregend und befühlte heimlich meine Hüftknochen. Sie waren noch da, spitz, kantig, beruhigend. Seine Augen über mir explodierten, und danach lag er ruhig atmend neben mir, der Körper sehnig und flackernd im Licht des laufenden Fernsehers. Er war der schönste Mann, den ich je gesehen hatte. Auf Channel 8 schwor Bill Clinton, niemals Sex mit dieser Miss Lewinsky gehabt zu haben. Ich versuchte, im Rhythmus des Schauspielers zu atmen, und hoffte, er würde niemals über mich sprechen, weil nur dann die Liebe leicht und wunderbar bleibt.

Ich ging jede Nacht zu ihm. Er schien es schön zu finden, daß ich da war. Morgens, wenn er noch schlief, betrachtete ich die Linien neben seinem Mund, die im Laufe des Tages von seinem Lächeln verschluckt wurden. Manchmal nannte der Schauspieler mich kleine Kalbslaus, aber es klang nicht wirklich wie eine Liebkosung. Heute bin ich mir sogar sicher, daß er es vermeiden wollte, mich bei meinem Namen zu nennen, vielleicht weil er Angst hatte, sich daran zu gewöhnen.

Eines Nachts, nachdem er mich wie ein kleines Kind gebadet hatte, kämmte er meine Haare, und ich spürte eine Unruhe an ihm, die mir fremd war. Er erzählte von Hollywood, wo er in einem Zimmer gewohnt hatte, daß 700 Dollar im Monat kostete. Er hatte die Videocassetten mit seinen Filmen in das Regal seines Appartements gestellt, einen Anrufbeantworter angeschlossen, den niemand besprach, und gewartet. Nach acht Monaten war er nicht mehr so sicher wie sein Agent in Deutschland, daß das erste große Rollenangebot in einem amerikanischen Film bald in seinem Briefkasten liegen würde. Er ging jeden Abend zu einer anderen Poolparty und war glücklich, wenn sich das Koks in sein Blut fraß und er plötzlich wieder unbesiegbar wurde. Er hörte sich witzige und geistreiche Dinge sagen, Dinge von denen er gar nicht gewußt hatte, daß sie in seinem Kopf wohnen. Doch am nächsten Morgen spürte er das Summen in seinen Knochen und fand es komisch, daß er in einem kleinen Badezimmer stand, in dem es nach Urin stank, und er bekam plötzlich Angst vor diesem Gesicht im Spiegel. Er fuhr nach Venice Beach und rannte ins Wasser, als sei er kurz vor dem Verdursten. Und weil auch die Hoffnungslosigkeit nach einer Ordnung verlangt, ging er wie jeden Nachmittag zurück in sein Zimmer, schaute eine Folge von *Unsere kleine Farm* und aß ein Stück Schwarzwälder Kirschtorte aus der Bäkkerei von Tante Anni, die in den fünfziger Jahren nach Los Angeles ausgewandert war, weil sie glaubte auszusehen wie Jane Mansfield. Auch Jarkow kaufte seine Torte bei Tante Anni. Er erinnerte sich an die a-cappella-Gruppe und Isabella aus Kastillen. Der Schauspieler kündigte sein Appartement und ging mit Jarkow. «Das ist das Ende der Geschichte», sagte er, drehte mir den Rücken zu, braun, makellos, mit Flaum auf der Wirbelsäule, und schlief ein, ohne meine Hand auf seine Brust zu ziehen. Nach dieser Nacht verschwand er. Ich weiß noch, daß ich sehr wütend war, als er nach drei Tagen wieder auftauchte. Er hat nie wieder von Hollywood gesprochen, und ich stellte keine Fragen.

Wir blieben eine Woche in Detroit. Das *Deutsche Haus* stand in einem alten Industriestadtteil zwischen dem Vereinshaus der Polen und einer verlassenen Fabrik. Ich war sicher, daß die Frauen der Deutschamerikaner sich flach auf den Rücksitz der Autos legten, wenn sie aus ihren Vorstädten zu den Veranstaltungen fuhren, weil sie Angst vor den Kugeln der Schwarzen hatten. Sie trafen sich jeden Mittwoch zu Sauerkraut, Haxe und süßem Wein und jeden Samstag zu einem Ball, einem Oktoberfest, einem Schützenabend oder einem Konzert der Donauschwalben. Wenn sie besonders fröhlich waren oder besonders viel Heimweh hatten, dann sangen sie vom *Polenmädchen* oder *Schwarzbraun ist die Haselnuß*. Sie sagten, daß man einen Deutschen an seinem Geruch erkennt. Ich drehte mich weg, wenn sie mich mit weinsaurem Atem in ihre Mitte ziehen wollten. Nach den Konzerten duschte ich mich, und der Schauspieler rieb mich mit Kokosmilch ein. Er liebte meine Begeisterung für Lippenbalsam mit Kirschgeschmack und Kokosmilchcreme, und ich tat mich plötzlich nicht mehr schwer mit dem Glücklichsein. Manchmal, wenn er nicht im Zimmer war, öffnete ich seinen Koffer. Ich war mir nicht sicher, wonach ich suchte, vielleicht nur nach einem Hinweis auf ihn, auf andere Menschen in seinem Leben, oder weil ich ein Stück seiner Vergangenheit besitzen wollte. Ich fand nichts. Einmal beobachtete er mich dabei. Als ich mich umdrehte, schaute er mich an, konzentriert und mit einem Ernst, der mir angst machte.

Ich blieb in seiner Nähe, wenn er auftrat. Ich war stolz auf ihn, aber das war ihm offensichtlich egal. Er besang jeden Abend den Kaktus und Isabella, doch er war nun allein, und seine Stimme mühte sich so sehr, alle Tonlagen der a-cappella-Gruppe gleichzeitig zu treffen, daß er vor Anstrengung manchmal auf die Holzdielen der Bühne zu fallen schien. In jenen Momenten sah ich seine Sterblichkeit. Er war nicht mehr so unverletzlich wie vor Jahren, und ich liebte ihn dafür, daß er für einen Moment so war wie ich. Nach seinem Auftritt saß er in seiner Garderobe, in sich zusammengesunken, so als habe man alle Knochen aus seinem Körper entfernt. Ich hielt ihn in den Armen, schaukelte ihn wie ein Kind, und mein Herz fühlte sich warm und satt an.

Es war Hochsommer, und wir breiteten in unseren Pausen unsere Handtücher am Ufer der großen Seen aus. Ich war braun und meine Haare ausgeblichen, der Schauspieler zählte die Mückenstiche auf meinen Beinen, und ich hatte keine Sehnsucht mehr nach irgendwas. In Chicago hatte ich Geburtstag. Ich wurde 31, und ich dachte daran, daß ich immer durch Asien, Neuseeland und Australien hatte trampen wollen und statt dessen meine Kleider ordentlich in den Schrank gehängt und bei Musical castings, Werbeagenturen und Tourneeveranstaltern vorgesungen hatte, aber ich tat mir nicht mehr leid. Wir standen am Lake Michigan in einer Wolke von Gischt, der Wind war kühl, und jede Frau in einem roten Kleid, die an uns vorbeiging, war für mich ein geheimes Zeichen unserer Liebe. Ich hatte Angst, ihm das zu sagen. Ich dachte, vielleicht findet er mich lächerlich und kitschig und schickt mich dann wieder zurück in mein Leben. Wir machten Paßbilder von uns an einem Automaten. Wir waren einander so ähnlich. «Wie fremd du darauf aussiehst», sagte er und lachte. «Happy Birthday, Kleines.» Dann bat er mich, den Vorhang zu schließen und auf die Knie zu gehen. Er saß auf dem Schemel und drückte meinen Kopf in seinen Schoß. Ich tat, was er wollte, und dachte an meine Mutter, die mir ein Paket mit selbstgemachtem Diät-Nußkuchen nachgeschickt hatte. Meine Mutter, die nicht wußte, daß ich jahrelang jeden Tag eine Flasche Rotwein getrunken und kurz vor dem Abitur ihren Enkel abgetrieben hatte.

Wir fuhren vier Wochen durch Illinois, Michigan, Ohio, Iowa. Ich las die Stadtpläne und schleppte den Schauspieler in jedes Museum. Ich fotografierte ihn vor Sandwich-Delis, neben einem Zeitungshändler, auf der Aussichtsplattform eines Hochhauses. Er zog mich durch die flimmernde Luft über dem Asphalt, blies Rauchringe in mein Gesicht und fütterte mich mit Erdbeeren. Einmal stand ich vor unserem Bett, er schaute sich das Baseballspiel an. Ich hielt mit meiner linken Hand meinen Bademantel mit den verblichenen Teddybären zusammen und holte Luft, weil ich ahnte, daß ich gleich wieder diese Kinderstimme haben würde, dünn und viel zu hoch. «Manchmal sehe ich uns in einem alten Südstaatenhaus auf der Veranda sitzen, Mooseichen davor, blauer Himmel darüber, und du hebst unseren Sohn auf deine Schultern», sagte ich zu ihm. «Und jeder denkt an Flucht», sagte er. Ich nickte. Ich weiß nicht warum, ich hätte in diesem Moment einfach zu allem genickt.

Ich sehnte mich mittlerweile nach Vollkornbrot, nach Regen. Ich haßte die Supermärkte und ihre Klimaanlagen. Ich haßte Eiswürfel im Wein, die mißbilligenden Blicke auf meine unrasierten Beine und Achselhaare und die deutsche Nationalhymne, mit der jedes unserer Konzerte begann. Der Anblick von Sauerkraut und Haxen, die uns nach den Konzerten angeboten wurden, bereitete mir Übelkeit, ebenso wie das dröhnende Gelächter der Männer, die mir in schlechtem Deutsch die wahren und volkseigenen Grenzen Deutschlands erklären wollten. Ich wollte ans Meer, wollte Wind und monotone Wellen, und am Abend Nebel, weich und kühl, der alles verschluckt, mich, die Sehnsucht.

Nach unserem 34. Auftritt lag ich im Bett und hatte Magenschmerzen. Ich fühlte mich erschöpft vom Sommer, der deutschen Schönheit meiner Lieder und bildete mir ein, ich sei schwanger. Ich trank Cola, aß Salzstangen und stellte mir vor, daß mein Kind mit gespitztem Mund die Cola-Salzstangen-Matsche schlürft und glücklich ist, was mich langweilte, und so ging ich meine verflossenen Liebhaber im Kopf durch. Mit den meisten hatte mich außer einer glühenden Haut und einem kurzen Aufschrei nichts weiter verbunden als Schweigen. Der Schauspieler schwieg auch, aber für mich war es gewissermaßen das Urschweigen der Liebe.

«Liebst du mich», fragte ich, als meine Hand in seiner lag, warm und sicher. «Ich weiß nicht», sagte er. Mein Herz fiel aus der Brust, rollte vor seine Füße und blieb stumm liegen. «Ich bin ehrlich», sagte er. «Gefühle kann man ein- und abschalten.» Ich sah seinen Blick und spürte, wie das Entsetzen durch mich strömte, aber es war zu groß, um sich festzusetzen. In der Nacht träumte ich, daß er neben mir auf einem OP-Tisch liegt. Ein Arzt fragt seinen Kollegen, ob er mein Herz rausschneiden solle; da sonst in absehbarer Zeit mein Brustkorb von ihm gesprengt würde. Ich sage: «Macht nichts. Schon gut», aber niemand hört mir zu, und während sie noch reden, fühle ich, wie sich meine Rippen heben und meine Muskeln meine Haut zerfetzen. Blut spritzt auf die grünen Kacheln, die weißen OP-Tücher und färbt die Haare des Schauspielers dunkelrot. «Sie will sich in mich verhaken», sagt er und bittet um einen Lappen, um seinen verschmierten Siegelring zu polieren. Unsere beiden Herzen liegen nebeneinander in einer Petri-Schale. Zwei Stück Fleisch, braunrosa. Mir war seltsam leicht im Kopf, als ich aufwachte. Ich übte zwei Wochen lang, ihn weniger zu lieben, und versuchte, die Stille, die sich zwischen uns ausbreitete, nicht zu deuten. Ich wartete auf etwas, aber ich wußte nicht auf was, und dann saß er eines Abends auf dem Schoß einer Mittfünfzigerin und sang «Du kannst nicht immer 17 sein» und küßte sie auf die vertrocknete Wange. Ich wünschte mir, wieder das Kind zu sein, das in den Ferien morgens auf einen Baum kletterte und erst abends wieder herunterkam. Er kündigte mich an, als das Mädchen, dessen Stimme jeder aus den Werbespots für Schokoladenpudding und Monatsbinden kenne. Ich sah meine Hand weiß werden, so fest drückte ich das Mikrofon, und ich schaute zu ihm und versuchte, in seinen Augen Halt zu finden. Er lächelte der Mittfünfzigerin zu. Zum ersten Mal fiel mir auf, daß er mich außerhalb unseres Bettes kaum berührte. Die Tränen liefen aus meinen Augen und sammelten sich an der Nasenspitze, von wo aus sie in dicken Tropfen auf die kahlen Stellen zwischen den Haaren eines Mannes fielen, der mir einen Strauß Chrysanthemen überreichte. Ich wußte, daß es dem Schauspieler auf die Nerven ging, wenn ich weinte.

Ich zog mich aus und ging ins Bett, während er im Bad war. Ich fühlte mich klein und müde und schlief ein. Am Morgen lag ein Zettel mit einem Gruß von ihm auf dem Tisch. Ich wollte liegenbleiben und diesen Zustand zwischen Träumen und Wachen nicht verlassen. Ich roch ihn im Kissen und schlief wieder ein. Er war verschwunden. Ende August flog ich nach München zurück. Jarkow sagte, der Schauspieler sei zu Probeaufnahmen nach Berlin geflogen. Ich überzeugte mich, daß er mich liebt, letztendlich doch.

Ich kann mich bis heute nicht erinnern, ob ich ihm jemals meine Telefonnummer gegeben hatte. Ich war nur verblüfft, als ich ihn vier Monate später auf dem Plakat einer Filmpremiere in München sah. Er wirkte schmal und verletzlich; vielleicht hatte er mich gesucht und nicht gefunden. Ich starrte jeden Abend so lange auf sein Bild, bis mir die Augen tränten. Manchmal stellte ich mir vor, daß im gleichen Moment unser Polaroidfoto aus seinem Textbuch fällt und er genau das gleiche sieht wie ich: Uns. Dann fühlte ich mit der Hand nach seinem Pullover, den er in unserem Tourneebus vergessen hatte und der nicht mehr nach ihm roch und nur noch ein alter dreckiger Lappen war, den ich mich weigerte zu waschen.

Irgendwann nach einer Probe für ein Sparkassenjubiläum konnte ich mich im Traum nicht mehr an die Farbe seiner Haare erinnern. Ich sprang aus dem Bett und spürte die verklebten Haare eines Hotelteppichs unter meinen Füßen. Ich ekelte mich. Im Badezimmerspiegel schauten zwei riesige grüne Augen aus einem bleichen Gesicht. Die Nerven in meinem leeren Magen zuckten wie tanzende Schlangen. Ich übergab mich auf meinen neuen Kulturbeutel von Bloomingdales. Am nächsten Tag fiel ich in einen seltsamen Zustand der Gefühlsstarre. Ich war erschöpft, und alles um mich herum geschah wie hinter Glas. Ein paarmal versuchte ich, meiner Freundin Martha von dem Schauspieler zu erzählen. Aber ich hatte keine Worte für ihn. Er entzog sich mir.

Am Ende des Winters nahm ich das erste Mal den Geruch von Schnee und Kohleöfen wahr, ich lief langsamer, spürte meinen Körper wieder und sang regelmäßig auf Volksmusikabenden oder für Werbespots. Ich sah mich mit den whiskyverschwommenen Augen des Regisseurs hinter den Kameras: eine sehr schlanke Frau, die sich etwas unbeholfen, aber niedlich in den Hüften wiegt. Ich wollte unsichtbar sein und wußte, daß ich mir das finanziell nicht leisten konnte. Ich hatte immer noch das Gefühl, weit weg von meinen Tönen auf der Bühne zu stehen.

Dann schickte mir der Schauspieler eine Einladung zu einer Talkshow, in der es um Liebe im Film ging. Ich aß eine Woche lang nur Knäckebrot und Magerquark, zog das blaue Kleid an, das meine Hüftknochen betont, und setzte mich in die dritte Reihe. Mein Herz stolperte einen Moment, als ich seine Augen spürte. Mir war wieder übel, im Magen und seltsamerweise in den Kniekehlen und im Brustkorb auch, ich fühlte mich überfordert und preßte meinen Mund zusammen. Ich legte meine Hand beruhigend auf meinen Bauch, starrte auf die schwarzen Haare des Schauspielers und sah, daß er sprach, aber ich verstand ihn nicht. «Hüftknochen auf meinem Bauch», hörte ich, «ihr Fleisch liegt auf meinem, mein Atem kommt stoßweise.» Wessen Hände spürte er in seinen Haaren, zwischen welche Brüste drückte er seinen Kopf? «Ihr Schweiß rinnt über meine Arme. Ich höre das feuchte Aufeinanderklatschen unserer Schenkel. Ihre Zunge schmeckt nach dem Blumenkohlauflauf von der Mittagspause.» Die Zuschauer lachten und applaudierten. «In diesem Moment», sagte der Schauspieler, «sah ich mich weit weg vom Dreh auf einem Berg stehen. Unter mir lag ein Haus, und auf der Veranda saß ein glückliches Paar mit einem pausbäckigen Kind.» Er machte eine kleine Pause. «Grauenvolle Phantasie», sagte er, «schlimmer als Schweiß und Blumenkohl», und alle lachten wieder.

Als ich ihn nach der Aufzeichnung sah, lehnte er an einer Wand im Garderobenflur, und ich entdeckte in dem Spiegel hinter ihm eine Frau, die plötzlich viel älter wirkte als ich immer gedacht hatte. «Wie geht es dir?» fragte ich. «Sehr gut», sagte er. «Detroit, das Motel *Purpurfarbener Ritter*, erinnerst du dich noch?» – «Ja, sicher. Es roch nach billigem Parfüm. Nach Erdbeere, nein, warte, es war Moschus, nicht wahr?»

«Es war Zimt.»

Er schwieg. «Schlecht siehst du aus», sagte er dann. «So verhungert.» Seine Stimme hatte den gleichen Klang wie damals, als er gesagt hatte, ich sei so ziemlich das Beste, was ihm bisher in seinem Leben begegnet ist. Ich wollte nicht gehen, gleichzeitig bewegte ich mich gerade, steif und langsam den Gang hinunter und lauschte auf den Schlag meines Herzens in den Ohren. Ich weigerte mich, irgendwas zu denken, wollte nur noch schlafen und fühlte mich fast gleichgültig. Ich wartete darauf, daß er mich zurückrief. Es blieb still. Ich drehte mich um. Der Flur war leer.

Wann bitte findet das Leben statt? Felicitas Hoppe

1. Nur eine Frage der Zeit

Nicht daß ich stutze, ich weiß sofort, worum es sich handelt, wovon hier die Rede ist, denn das kenne ich gut, diese Fallen, die Pläne, so zu tun, als wäre das alles, das ganze Wann, nur eine Frage der Zeit. Ich bin ein Kaninchen, die Zeit ist die Schlange. Ich stehe still, ich starre gebannt in den Spiegel, ich sehe mir selbst beim Altwerden zu, die Zeit steht das aus. Das hat sie schon immer gekonnt, denn im Gegensatz zu mir kann sie warten, sie hat von sich selbst im Überfluß und ist nie in Eile. Das alte Spiel.

Früher dachte ich, ich drehe den Spieß einfach um, ich tausche die Rollen. Ich bin die Schlange, die Zeit ein Kaninchen, das vor mir erstarrt. Dich krieg ich zu fassen, rief ich, dich pack ich beim Schopf. Und das war kein Traum, das war ein Entwurf. Er mußte nur ausgeführt werden!

Aber erstens, ich bin kein Kaninchen, und wäre ich zweitens selbst die hungrige Schlange, die das Kaninchen verschlingt, würde ich drittens wieder zu gierig sein, mich womöglich an mir selber verschlucken, und liege nachher viertens vermeintlich gesättigt wochenlang wach, unbeweglich und schwerer noch als zuvor, mit meinem Körper mir selbst im Weg und verdaue.

Und was ich fünftens nicht alles verdaue: Kaninchen und

Hühner, Kuchen, Honig und Wein, manchmal auch kleine Triumphe, dann wieder Vergehen, Verzweiflung und Nachsicht im Anblick des Spiegels beim täglichen Treffen mit mir selbst. Sieh an, rufe ich, da bist du ja wieder, das hätte ich gar nicht vermutet. Gestern wolltest du doch noch weg, und heute bist du schon wieder da, am üblichen Ort, die alte Stelle, derselbe Traum vom einfachen satten Leben, dieselben Fragen, die alte Bemühung und die allzu vertraute Lächerlichkeit. Also ist das wirklich ein großes Thema: Wann bitte findet das Leben statt?

Und weil das Thema zu groß ist, werde ich lieber von meinen Schwestern sprechen, denn sie wissen in dieser Sache entschieden besser Bescheid als ich. Meine Schwestern sind von Natur aus verschieden, die eine jünger, die andere älter, beide mutig und beide beherzt, beide schneller als ich und doch keine Schlangen, kurz: sie erscheinen mir sehr beneidenswert, jedenfalls im Vergleich. Aber sie lachen und sagen, das sind wir nicht.

Da sitzen wir wieder. Am alten Tisch, beim kalten Tee, in kurzen Kleidern, die uns nicht stehn, aber das wußten wir damals noch nicht, denn wir hatten noch keinen Spiegel, keine Männer, nur die Brüder, den Vater, die Onkel, und folglich auf alle Fragen die Antwort. Und jede Antwort wog leicht, keine Frage blieb offen. Mit Antworten waren wir schnell zur Hand, vielleicht etwas eilig, damals hörten wir noch nicht auf unsere Mutter. Kein Zweifel, kein Irrtum, wir wußten genau, was zu tun war, wir mußten nur aufstehn und losgehen, und darauf waren wir stolz.

Es gab auch ein Lied von Piaf, in dem sie ganz und gar nichts bereute. Das gefiel uns, wir hörten es oft, immer wieder, wir sangen sogar manchmal mit, weil wir in der Schule alle Sprachen lernten, die bekanntlich das Tor zur Welt sind. So, sangen wir, ergeht es auch uns, denn so jung waren wir und so ganz ohne Zeitbegriff, daß es wirklich nichts zu bereuen gab. Auch der Tag stand schon fest. Ein fester Termin, dieser Tag, an dem wir erwachsen werden. Wir treten hinaus vor die Tür, und das Leben beginnt.

2. Nur eine Frage des Ortes

Wir hatten auch keinen Begriff vom Ort unserer Handlung, wir brauchten keine Begriffe, denn der Ort stand von vornherein fest. Wir würden natürlich in Häusern leben, in Häusern mit Gärten und mehreren Zimmern, jeder ein Zimmer für sich allein, jedenfalls anders als bei uns zu Hause. Nie ohne Terrasse, immer mit großen, hohen Balkonen, und die Südseite stand außer Frage. Es gab auch Autos für die Wege zwischen den Häusern, und wenn es womöglich doch keine Autos gab, so doch Busse, Straßenbahnen und Züge, falls einer von uns die Stadt wechseln sollte in Folge von angeheirateter Arbeit, von Männern. Wir waren auf alles gefaßt, und Trennungen schienen uns damals durchaus überwindlich, denn wir beherrschten die Idee vom richtigen Wohnen und Leben noch ganz aus dem Handgelenk. Alles war unumstößlich wie ein Naturgesetz, leicht zu begreifen und fröhlich angelernt. Uns kann nichts passieren.

In der Mitte der Häuser standen die Tische. Auf den Tischen lagen gestärkte Tücher. In der Mitte der Tische standen die Schüsseln. Die Schüsseln dampften und waren voll. Um die Schüsseln herum standen Teller und lagen Bestecke. Es gab auch Servietten und Appetit. Wir waren immer gesund, unsere Mägen vertrugen ja alles. Zwar würden wir nicht mehr vorm Essen beten wie früher zu Haus, vielleicht aber singen, denn um den Tisch herum saßen unsere Kinder, singend und munter und gut gekleidet und erzählten uns lebhaft aus der Schule. Wir nickten uns zu, und wir waren sogar etwas stolz auf sie. Aber nie übertrieben, das versteht sich von selbst.

Meine Schwestern stellten sich blonde Männer vor, Falkner und Schäfer, meiner dagegen war dunkelhaarig, unromantisch und von Beruf Polizist, sogar Kommissar, und litt, soweit ich mich recht erinnere, unter Haarausfall. Er hieß Willie. Das ertrug ich, weil ich ihn liebte oder vielleicht, weil er mutig war oder weil ich ihn dafür hielt, jedenfalls sah ich einfach nicht hin. Ich sah einfach nicht hin. Ich hatte übrigens nur Töchter, meine Schwestern hatten, glaube ich, Söhne. Ich weiß sogar noch die erfundenen Namen. Das war Teil unsres Plans, der Name steht von vornherein fest.

Ich kann mich genau an die Namen erinnern, meiner Töchter und ihrer Söhne, aber ich kann sie natürlich unmöglich verraten. Das würden die Schwestern mir sehr verübeln. Denn heute bestehen sie gerne darauf, daß man manchmal auch etwas verschweigt. Das also hat sich geändert. Und so halte ich meinen Mund.

Also Häuser, Gärten, Balkone. Meine Schwestern hatten auch Hunde, sie hatten wie ihre Männer Hobbies und Hang zur Natur. Ich hatte kein Hobby und keine Hunde. Ich hatte nur einen kleinen roten Sportwagen. «Der Rote Blitz.» Das hatte ich aus einem Buch für Kinder, und heute habe ich nicht einmal einen Führerschein. Meine Schwestern dagegen fahren Wagen, klein, aber schnell. Sie sind praktisch, meine Schwestern und ihre Wagen.

Was die Orte betrifft, so gab es auch Urlaub, obwohl wir nicht genau wußten, was Urlaub bedeutet. Vielleicht Ferien, Freizeit, Häuser am See, Pensionen, Hotels, lauter Orte, die wir nicht kannten, aber gerne erdachten, sei es am Meer oder in den Bergen, da legten wir uns erst gar nicht sehr fest. Ich erdachte auch einen Schwiegervater mit einem Hotel in den Alpen. Einen dicken, behäbigen Mann, der manchmal nachts unter Anfällen unvermuteter Großzügigkeit litt und das Geld in Säcken vor meine Tür stellte, weil er auf unklare Weise zuviel davon hatte.

Jetzt waren wir frei zu gehen, zu fahren, wohin wir wollten. Nur daß ich immer allein fahren mußte, hinten im Wagen die Säcke mit Geld, denn die Männer meiner Schwestern waren zwar arm, aber fürchterlich stolz und nahmen von niemandem etwas an. Und wie treu meine Schwestern waren! So fand ihr bescheidenes Leben statt. Aber ich liebte sie trotzdem, diese Fahrten im roten Wagen, mit offenem Verdeck, auf den hinteren Sitzen die Säcke mit Geld, so schwer, daß sie nicht wegfliegen konnten, ganz gleich, woher der Wind wehte.

3. Nur eine Frage der Handlung

Es gab auch ein Drama, und die Dramaturgie gab es auch. Sie war so klar wie die Architektur unsres Hauses. Es gab ja die Puppen, unser Puppentheater, die kleinen, selbstgebastelten Familiendramen. Darin waren wir groß. Hier spielten wir alles durch, hier sind wir von jeher zu Hause, hier bereiten wir uns auf das wirkliche Leben vor, das einmal stattfinden wird, ohne Zweifel, ohne Fragen, mit Männern und Kindern. Meine Puppen waren sehr schlecht gekleidet, denn ich konnte nicht häkeln. Dafür, dachte ich, werden sie mich einmal hassen. Aber nachher kam es viel schlimmer, die Kleider sind ja das kleinste Übel.

Daß es schwer werden könnte, daran dachten wir nie, statt dessen badeten wir unsere Puppen, die Kinder, wir schnitten ihnen auch die Haare, die leider niemals nachwuchsen, die Puppen sahen entsetzlich aus. Ansonsten warteten wir auf das Ende der Schule, den Tod unsrer Lehrer, auf Männer, böse Schwiegermütter und natürlich immer noch auf das Geld.

Die Schule ging tatsächlich zu Ende. Zwar starben die Lehrer erst später, aber Männer kamen und Schwiegermütter, die nur zur Hälfte böse waren, die andere Hälfte war hilflos. Wir hielten trotzdem an unseren Plänen fest, wir hatten uns darauf geeinigt: Wenn wir erst einmal alles besitzen, den Mann, das Haus, das Auto, den Hof, dann beginnt das wirkliche Leben. Bis heute träume ich nachts davon, daß der Tag kommt, an dem ich aufwache und weiß, daß jetzt alles fertig ist, daß es so sein soll und niemals anders, der Plan ist erfüllt. Als wäre man endlich Gott, der am siebten Tag sagt: Gut ist es, gut, und jetzt wollen wir ruhn.

Ja, es stimmt alles: die Bühne, der Tisch in der Mitte, die Kleider, die Requisiten, sogar der Regisseur und das Wetter, es regnet fast nie in der Gegend, die Kinder tragen die Ranzen fröhlich. Ich weiß, was ich einzukaufen habe und was auf den Tisch kommt. Jetzt fängt das Stück an, und ich spiele es nur noch zu Ende. Aber selbstverständlich kommt alles ganz anders:

4. So und doch anders

Und natürlich kam alles ganz anders. Warum verliebte sich meine ältere Schwester in den Buchhändler einer Kleinstadt von nebenan, der zwar blond, aber doch kein Ritter war, blaue Augen hatte, aber kein Haus, keinen Hund, aber dafür schon drei Kinder, die meine Schwester großzügig übernahm? Meine kleine Schwester zog in eine Stadt, die eigentlich gar keine Stadt war, die man kaum noch in Zügen erreichte.

Meine Mutter raufte sich zweifach die Haare, später noch ein drittes Mal für mich, denn ich schaffte es nicht, den Mann mit den dunkleren Haaren zu finden, diesen dicklichen Kommissar meiner Träume, obwohl ich doch so sehr bereit war, ihn so sehr zu lieben, daß ich sogar über ihn hätte hinwegsehen können.

Statt dessen gab es ihn gar nicht, auch nicht den Schwiegervater mit den Säcken voll Geld. Es gab auch den Roten Blitz nicht, nicht einmal den Führerschein und erst recht nicht den Gott mit dem siebten Tag, an dem alles gut ist, gut so, wie es ist. Ich durfte nicht ruhn. Ich träumte von Decken und Kissen, Terrassen, Balkonen, vom wirklichen Leben, von Sonne und Meer. Sieh da, rief ich morgens im Anblick des Spiegels, das hätte ich gar nicht gedacht, daß ich so bin wie alle!

Weißt du eigentlich, sagte meine Mutter, wie satt ich diese erbärmlich erfundenen Männer habe? Sieh an, rief ich zurück, das hätten die Schwestern mir nie gesagt! Natürlich, rief meine Mutter, das sind deine Schwestern, sie sind viel zu gütig, sie sehen nicht klar. Aber wann bitte findet dein Leben statt?

Und so sprachen wir von Berufen, von anderen, sehr viel größeren Aufgaben auf dieser Welt, und ich gestehe, ihr fiel dazu allerlei ein, seltsamerweise viel mehr als mir. Sie erzählte mir sogar von Elefanten. Ja, tatsächlich, so sehr steigerte sie sich in das Ganze hinein, daß sie mir von Elefanten erzählte. Ich hatte das nur für ein Spiel gehalten, aber ihr war es vollkommen ernst. Sie wollte einmal, vor vielen Jahren, sagte sie, Tierärztin werden. Doch nicht vor der Tür und auch nicht in den Zoologischen Gärten, die sie verabscheute, sondern draußen im Wald und im Urwald, wo es richtige großartige Krankheiten gibt.

Im Lauf der Erzählungen über den Dschungel wußte meine Mutter plötzlich ganz genau, was sie gewollt hätte. Ich hörte ihr zum ersten Mal zu und sah, wie schön sie jetzt im Erzählen wurde, wie feurig und jung, und wie sie, während sie sprach, die Puppen versteckte. Nicht daß sie sie wirklich versteckte, sie legte sie einfach vor meinen Augen in eine große Kiste und sagte: Die schaffen wir runter in den Keller, den ganzen Unsinn, den Affenkram. Sie war wirklich niemals sentimental, sie versuchte niemals, etwas zu retten, nicht einmal uns, sie hatte die Kindheitsgeschichten so satt. Denn sie war eine durch und durch gute Mutter, nur daß ich das damals noch nicht begriff!

Das begriff ich erst später, als meine Schwestern jammernd nach Hause kamen, an den Armen die Kinder, die Koffer. Meine Mutter lachte, und ich lachte auch. Aber dann wurde sie plötzlich gütig. Das hätte ich gar nicht gedacht, sagte sie, daß ihr auf dieses Leben hereinfallt, ich hätte es euch doch sagen müssen.

Daß auf nichts Verlaß ist, schon gar nicht auf diese Phantasie, und wie sinnlos es ist, daß ich darüber, wieder und wieder, eins dieser Bücher schreibe. Meine Schwestern, gütig und freundlich wie sie immer noch sind, bewundern und loben das sehr, diese schönen Bücher, und ach!, die Kraft der Erfindung! Nur meine Mutter ist schon lange darüber hinaus. Mach, was du willst, sagt sie, du mußt es ja wissen. Dabei weiß ich gar nichts.

Nicht, daß ich stutze, ich kenne die Fragen genau, ich kenne die Zeit, den Ort und die Handlung. Ich kenne sogar diesen Spiegel, in dem man auf einmal alles erkennt, das Kaninchen, den Honig, den Kuchen, die Schlange und sogar das Gelächter meiner Mutter. Eine wahre Erleichterung nach all den Jahren, wenn sie die Berichte derer liest, aus denen angeblich etwas geworden sein soll. Das ist keine Frage der Zeit, auch keine des Ortes und erst recht nicht der Handlung. Es ist, sagte sie, was es ist. Du machst zwei Schritte nach vorn und drei wieder zurück. Was natürlich, sagt sie, kein Rückschritt ist, sondern Ausdruck der mutigen Hoffnung, des sinnlosen Glaubens, wir könnten alle noch einmal und ganz in Ruhe von vorne beginnen.

Ich, sagt sie dann, hätte nichts dagegen, und schon entwirft sie erneut die Safari, und dafür, schließlich, lieben wir sie!

Und als sie sah, wie wir uns um die Schallplatten stritten, vor allem um die der Piaf, damit wir auch wirklich gar nichts bereuen, lachte sie sehr. Streitet euch nur, sagte sie, um das bißchen, was übrig ist, als wäre ich heute schon tot. Dann bleibt sie im Türrahmen stehen und macht überhaupt keine Anstalt, irgendwohin zu gehen.

5. Nur eine Frage des Glücks

Wohin auch? Denn am Ende ist es ja doch wieder nur eine Frage des Glücks, dieses Glücks, von dem es nur eine, vielleicht sogar zwei oder drei, von mir aus auch fünf Sorten gibt, auf jeden Fall nicht sehr viele. Die Hauptsorte ruht im Verborgenen, gleich hinter dem Ohr eines Elefanten, einem Geschöpf mit sehr gutem, sehr fernem Gedächtnis. Ist es der indische? Der afrikanische? Nicht, daß ich wüßte, nicht daß wir wüßten. Wir haben noch immer keine Ahnung. So brachte unsere Mutter uns schon immer zu Bett. Mit lauter unbeantworteten Fragen, in lauter ein wenig unklare Träume, weil man gewisse Geheimnisse wirklich nicht teilen kann. Und also dürfen wir ruhn.

Ein Fest für Aimée

Zoë Jenny

Im Halbdunkel des Kinderzimmers bewegen sich zwei Schatten aufeinander zu. Im Bett liegend, hat Aimée ihre Arme hoch in die Luft gestreckt und stellt sich vor, ihre Hände seien zwei sich bekämpfende Tiere. Zwei Finger klappen auseinander und werfen den Schatten eines riesenhaften, sich öffnenden Rachens an die Wand.

Aimée läßt ihre Hände auf die Decke zurückfallen. Ohne den Kopf zu wenden, erkennt sie im Augenwinkel plötzlich die große, schwere Gestalt. Edith Bischoff hatte die Tür lautlos geöffnet und war unbemerkt ins Zimmer gekommen. Aimée zieht die Decke hoch bis ans Kinn. Als sich Edith Bischoff zum Gute-Nacht-Kuß über sie neigt und ihre warmen, harten Lippen Aimées Stirn berühren, dreht sie sich stumm zur Wand. Edith Bischoff macht einen Schritt vom Bett zurück und lächelt gequält auf das Kind herab. Es sind erst drei Wochen vergangen, seit sie aus dem Heim hierhergebracht wurde. In Edith Bischoffs Haus. In diese nach Sicherheit riechende Festung.

«Wo ist Max?» kommt Aimées Stimme gedämpft unter der Decke hervor. Edith Bischoff blickt auf den kleinen, zusammengerollten Körper, der unter der Decke atmet, und plötzlich scheinen die aufgedruckten Schlümpfe auf der Kinderbettdecke höhnisch zu lachen, und ein tiefsitzender Groll beginnt, sich wie etwas Lebendiges in ihr zu regen. Sie muß an Max denken, den Onkel, bei dem Aimée aufgewachsen war. Wie man ihr im Heim mitgeteilt hatte, war Aimée fünf Jahre alt gewesen, als ihre Eltern bei einem Autounfall ums Leben gekommen waren. Der Bruder ihres Vaters, Onkel Max, hatte sich bereit erklärt, für Aimée zu sorgen. Drei Jahre war sie bei ihm geblieben, dann hatte die Vormundschaftsbehörde ihn für nicht erziehungsberechtigt erklärt und Aimée ins Heim gebracht. Edith Bischoff wußte über ihn nicht mehr, als daß er ein Trinker war und Aimée immer wieder wochenlang unentschuldigt in der Schule gefehlt hatte. Sie denkt mit Bitterkeit an diesen Mann, der in ihren Gedanken eine diffuse Gestalt annimmt, die sie abstößt und ihr Furcht einflößt.

«Wo ist Max?» kommt es jetzt drängender, und der Körper unter der Decke scheint sich bei der Frage ein wenig aufzubäumen.

«Schlaf jetzt», sagt Edith Bischoff ungeduldig und löscht das Licht.

Als Aimée zu Onkel Max kam, hatte er keine Arbeit. Einmal in der Woche nahm er sie an die Hand, und sie gingen gemeinsam zum Arbeitsamt. Schon von weitem sah Aimée, wie vor dem Arbeitsamt die Menschen zusammenliefen. Sobald sie den Warteraum betraten, zückte Onkel Max die gelbe Stempelkarte aus der Manteltasche und hielt sie wie ein Schild vor sich hin. Schweigend stellten sie sich in die Reihe. Es kamen immer mehr Leute herein als hinausgingen. Die Leute blickten immer öfter, mit zunehmend resignierterem Ausdruck, auf die Uhr. Eine an der Decke hängende defekte Neonröhre machte in unregelmäßigen Abständen ein helles röchelndes Geräusch. Niemand redete, nur ein paar Frauen tuschelten manchmal hinter vorgehaltener Hand. Wenn dann über dem Türrahmen das Schild ‹Eintreten› aufleuchtete, ging Onkel Max hinein, und Aimée setzte sich in einen der orangen Wartestühle. Sie saß mit geradem Rücken da und konzentrierte sich auf einen Punkt am Boden oder an der Wand. Manchmal beugte sich eine der Frauen zu ihr hinunter, um ihr ein Stück Schokolade oder eine kleine bunte Süßigkeit zuzustecken, und lächelte dann ein nach innen gekehrtes Lächeln, als hätte sie etwas Verbotenes getan.

Kaum draußen, begann Onkel Max lauthals zu fluchen, weil er wieder keine Arbeit bekommen hatte; und die Jungen, die beim Eingang standen und selber keine Stelle bekommen hatten, sahen ihnen spöttisch nach. Im Zorn drückte Onkel Max Aimées Hand noch fester. Sie nickte unablässig, während Onkel Max schimpfte, wenn sie so, wie Verbündete, nach vorn gebeugt, heimwärts eilten.

In den darauffolgenden Nächten, wenn Onkel Max spät nach Hause torkelte, kam er manchmal nicht bis zur Wohnungstür und brach im Flur zusammen. Aimée, die wachgelegen und auf ihn gewartet hatte, stürzte dann hinaus, brachte ihm Wasser, zupfte sein vom Kopf abstehendes Haar zurecht und redete auf ihn ein. Aber meistens schlief er schon fest, den Kopf auf dem Ellbogen, und stand erst wieder auf, als es Morgen wurde, kurz bevor die ersten Leute, die zur Arbeit mußten, die Treppe runterkamen.

Einmal hatte Onkel Max abends das Zimmer verdunkelt und ihr das Schattenspiel gezeigt. Er konnte mit seinen Händen alle Tiere an die Wand zaubern. Flugsaurier und kleine Vögel durchkreuzten dann die weiße Zimmerwand. Wenn sich das Scheinwerferlicht eines Autos auf der Wand abzeichnete, mußten die Schattentiere flüchten.

«Wen das Licht trifft, ist tot», sagte Onkel Max. Am Ende formte er mit beiden Händen einen meterhohen Rachen und fraß unter dem protestierenden Gekreische von Aimée ihre beiden kleinen Schattentiere auf.

Als Aimée schulpflichtig wurde, brachte Onkel Max sie eines Morgens zu einem roten Backsteingebäude. Hunderte von Kinder drängten sich, links und rechts von ihren Eltern flankiert, durch eine messingbeschlagene Flügeltür. Drinnen verteilten sie sich in den Klassenzimmern.

Aimée wurde ein Platz am Fenster in der hinteren Reihe zugeteilt. Ein fremdes Mädchen mit wippenden dunklen Zöpfen kam, von ihren Eltern begleitet, und legte ihre Sachen neben Aimée auf den leeren Stuhl. Die Eltern drückten und küßten sie lange zum Abschied. Kaum daß sie sich gesetzt hatte, nahm sie ein Lineal aus der Tasche und legte es in die Mitte des Tisches.

«Hier ist die Wand», sagte sie und «bleib auf deiner Seite.»

Am nächsten Morgen baute sie mit den Schulbüchern und der Begründung «Meine Eltern sagen, dein Onkel ist ein besoffener Spinner» eine unübersehbare Grenze in die Tischmitte.

In derselben Woche wurde Aimée auf dem Heimweg von drei älteren Mädchen in ein naheliegendes Gebüsch gezerrt. Die eine drückte ihr die Arme auf den Rücken, die andere hielt ihr die Nase zu, und bevor sie losschreien konnte, stopfte ihr die dritte den Mund mit der schwarzen torfigen Erde zu, die sie schnell vom Boden gekratzt hatte.

Am nächsten Tag schloß sich Aimée in der Pause auf der Toilette ein. Kaum hatte sie die Tür von innen verriegelt, hörte sie die Stimme ihrer Banknachbarin und deutliche Schritte mehrerer Mädchen. «Wo hat sich der Abschaum denn versteckt? Komm schon her!» Sie öffneten eine Kabine nach der anderen, daß die Türen gegen die Wand schlugen, «wir haben mit dir zu reden».

«Was wollt ihr?»

Aber sie waren bereits auf der anderen Seite hochgeklettert und beugten sich von oben über die Wand. Aimée stand unten wie in einer Grube, und alle spuckten gleichzeitig auf Kommando los. Aimée versuchte, an den herunterhängenden, dunklen Zöpfen zu ziehen, als eine Faust wie ein harter Gegenstand auf ihren Kopf niederfuhr.

Sie kletterten herüber, leerten ihre Schultasche über dem Boden aus und rannten mit dem Geld, das ihr Onkel Max für den Notfall mitgegeben hatte, fort. Während Aimée die Bücher und Hefte einsammelte, kam ihr dieser Angriff wie etwas Unausweichliches vor, und sie ahnte schon die zukünftigen, die sich gewissenhaft und in immer neuen Ausformungen wiederholen würden.

Von da an schlug Aimée morgens die entgegengesetzte Richtung ein. Am Rande der Stadt, auf einer stillgelegten Baustelle, entdeckte sie einen Bretterverschlag. Dort hockte sie sich hinein und versteckte sich. Wenn es regnete, tropfte es durch die schmalen Bretterritzen, und sie drückte sich in eine Ecke, wo es trocken war, und beobachtete, wie sich das feucht werdende Holz langsam dunkel färbte.

Sobald die Glocken einer nahen Kirche Mittag schlugen, kroch sie aus dem Versteck heraus und ging nach Hause.

Ein paar Wochen später, Aimée saß am Tisch und zeichnete gerade Raubtiere auf große Blätter, klingelte es, und zwei fremde Frauen kamen herein. Während sie leise und bestimmt auf Onkel Max einredeten, schauten sie sich die Wohnung an und öffneten jede Tür. Unter den lauten Flüchen von Onkel Max packten sie Aimées Sachen zusammen, und eine halbe Stunde später fuhren sie mit ihr weg.

Im Heim wurde das Essen in einem Untergeschoß mit langen Holzbänken eingenommen. Der Reihe nach wurde jedem Kind das Essen in die Teller geschöpft. Beim Anblick des Essens auf dem Teller und dem Gedanken, daß dies alles in ihrem Mund verschwinden solle, verkrampfte sich

Aimées Magen. Sie kaute auf einem Stück Fleisch herum und, als weigerte es sich, hinuntergeschluckt zu werden, behielt es im Mund, bis es faserig wurde und zerfiel. Aimée hörte auf, Nahrung zu sich zu nehmen, und verteilte ihr Essen auf die Tischnachbarinnen, die es dankbar hungrig verschlangen.

Erleichtert sah sie den Mäulern zu, die für sie ihr Essen kauten. Nach einigen Tagen sah sie beim Duschen die Hüftknochen unter der Haut durchschimmern. Aimée stellte sich vor, daß sie unter der Haut aus Glas sei und ihre Knochen etwas Helles und Durchsichtiges sein müßten. Aimée schwebte durch die Gänge. Nachts lachte sie im Schlaf auf, wie nach einem entscheidenden Sieg.

Erst als sie eines frühen Morgens im Unterricht an die Wandtafel gerufen wurde, schien ihr das Kratzen der Kreide auf dem Schiefer einen unerträglichen Lärm zu machen, und als sie sich erschreckt vom Schmerz umdrehte, wogte die Klasse im Kriegsgeheul mit erhobenen Fäusten auf sie zu.

Kaum wachte Aimée wieder auf, wurden eifrig Löffel an ihren Mund geschoben. Doch die Suppenteller, Tassen und Gabeln zogen vor ihren zusammengepreßten Lippen erfolglos wieder ab. Sie fragte die Ärzte und Krankenschwestern nach Onkel Max, und als sie keine Antwort bekam, hörte sie auch auf zu fragen.

Während die flüssige Nahrung durch Infusionsschläuche in ihren Körper strömte, verdunkelte sich Aimées Blick, und ihre Hände ballten sich unter der Decke zu kleinen harten Fäusten. Es kam ihr vor, als ob man sie im ganzen Zimmer verteilte. Die Infusionsflasche hing wie ein Organ neben ihrem Bett, die Kanülen pulsierten wie die peinigende Verlängerung ihrer Blutbahnen, Tag und Nacht, neben ihrem Körper.

Ende September hatte man für Aimée eine Pflegemutter

gefunden. Unter der unerbittlichen Pflege von Edith Bischoff wurde Aimée in nur wenigen Wochen mit Vitaminpräparaten wieder aufgebaut. Jeden Morgen stellte Edith Bischoff ein ganzes Arsenal von Pillendosen und Fläschchen auf den Tisch, und die erste halbe Stunde des Tages verstrich mit dem qualvollen Einnehmen von Pillen und Tropfen.

Bereits wenige Tage nachdem Aimée in Edith Bischoffs Haus eingezogen war, kamen Briefe von Onkel Max. Aber Edith Bischoff ignorierte die flehenden Briefe, in denen er bat, Aimée besuchen zu dürfen. Der verzweifelte Ton darin berührte sie unangenehm, und sie warf sie weg, ohne zu antworten.

Manchmal fragte Aimée nach ihm, aber Edith Bischoff sagte, sie kenne keinen Max. Ohnehin würde sie ihn bald vergessen haben. Schließlich hat Edith Bischoff für alles gesorgt. Auch für Freunde. Fünfzehn Kinder aus der Nachbarschaft hat sie zu Aimées Geburtstagsfest eingeladen.

Mit heimlicher Freude steckt Edith Bischoff acht Kerzen in die noch warme Geburtstagstorte und trägt sie ins Eßzimmer. Girlanden, die sie in mühsamer Arbeit aufgehängt hatte, schmücken in farbigen Bogen das Zimmer. Seit Aimée im Haus ist, sinkt sie abends in einen festen gesättigten Schlaf, denn den ganzen Tag über arbeitet sie an Aimées Liebe und dem Aufbau ihres Körpers, ernst und kraftraubend wie man in einem Bergwerk arbeitet.

Das schwache und abgemagerte Kind hatte ihr klare Gefühle entlockt, und das Suppen kochen, Tropfen abzählen, in die Sonne hinaustragen, das dauernde Nahrung hineinschütten, kommt ihr zielgerichtet und einfach vor. Es scheint ihr, sie höre ihre eigenen Schritte im Haus plötzlich deutlicher und ginge mit größerer Sicherheit durch die Räume, als würden sie durch ihre Anwesenheit kleiner.

Das blaue Seidenpapier knistert unter Aimées Fingern. Ihr Blick war gleich auf dem geheimnisvoll runden Paket haften geblieben. In den Sekunden, während sie es öffnet, sieht sie all die Spielsachen vor sich, die sie in den Schaufensterauslagen mit Onkel Max bewundert hatte und die er ihr nicht hatte kaufen können.

Lange und verständnislos blickt Aimée auf den Keramikteller, auf dessen Boden ihre Initialen gemalt sind. Edith Bischoff lacht begeistert auf, nimmt den Teller und trägt das Geschenk in die Küche.

Den ganzen Vormittag klingelt es, fremde Kinder strömen in Zweier- und Dreiergruppen ins Haus herein und versammeln sich unter den Girlanden.

Als ein Junge anfängt, Tischtücher und leinene Servietten aus einer Schublade zu zupfen, folgen ihm die anderen, öffnen die Schubladen und ziehen alles heraus. Aus den Servietten werden Fluggeschosse, die quer durchs Zimmer fliegen und ein paar Girladen niederreißen.

Edith Bischoff indes geht mit großzügigem Blick im Haus herum. «Das ist eine Wolke», sagt ein kleiner Junge und setzt sich in die Mitte eines Tischtuches, das er auf dem Boden ausgebreitet hat: «Wer mitfliegen will, muß jetzt aufsteigen.»

Aber die anderen lachen, bewerfen ihn mit ihren Geschossen und stellen sich in einem Kreis um die Torte. Edith Bischoff hat ein Messer gebracht, um sie anzuschneiden.

Ein plötzliches Poltern, als sei etwas Schweres gegen die Tür gestoßen, läßt alle zusammenzucken. Noch bevor Edith Bischoff die Tür ganz geöffnet hat, wankt Onkel Max an ihr vorbei ins Zimmer. In der Hand hält er ein hölzernes Schaukelpferd. Er hebt es, in der Luft hin und her wippend, hoch und ruft mit der heiseren Stimme eines völlig Betrunkenen: «Wo ist das Geburtstagskind?»

Der kleine Junge auf dem Tischtuch springt auf und eilt zu den anderen.

Onkel Max steht mit suchendem Blick im Zimmer, als sich Edith Bischoff ihm in den Weg stellt.

«Gehen Sie! Verlassen Sie auf der Stelle mein Haus.» Sie will es schreien, aber etwas hat ihrer Stimme die Kraft genommen, so daß es wie eine Bitte klingt.

Die hölzernen Kufen des Schaukelpferdes wie Spieße gegen sie gerichtet, drängt er sich an ihr vorbei.

Die Kinder haben sich am Treppenabsatz zusammengerottet, mit verängstigt erwartungsvollen Gesichtern. Einige halten sich bereit, die Hände schon am Geländer, in den oberen Stock zu flüchten. Langsam stolpernd, geht Onkel Max auf Aimée zu, als Edith Bischoff ihn am Arm packt, um ihn fortzuziehen. Sie ist überrascht, wie widerstandslos er sich, durch das Gewicht des Schaukelpferdes zur Seite geneigt, nach draußen führen läßt. Durch seine Schwäche ermuntert, stößt Edith Bischoff ihn mit einer letzten fortjagenden Bewegung über die Schwelle. Rasch schließt Edith Bischoff die Tür ab und eilt mit siegessicher ausgestreckten Armen auf Aimée zu. In der festen Umklammerung blickt Aimée zur Tür.

«Wo bist du? Komm doch endlich», hört sie Onkel Max wie verwundert und mit heller werdender Stimme rufen.

Zettel und Notizen

Elaine Kagan

Das Mädchen sagt, sie schreibt Zettel, die sie in ihre Taschen stopft; falls man sie erschießt, falls man sie tötet, sagt sie, wissen ihre Eltern, wie sehr sie sie liebt. Wenn sie die Zettel finden. Wenn ich sterbe, sagt sie, wissen sie Bescheid. *Wenn ich sterbe.* Ich bleibe reglos auf der Kante meines Couchtisches sitzen, angewurzelt, wo die Nachrichten mich aus der Bahn warfen. Ahnungslos kam ich aus dem Büro, wo ich, von allem abgeschottet, den täglichen Kampf mit meinen unbedeutenden Worten auf dem weißen Papier aufnahm. Wann fing es an, dieses Grauen? Als ich dem Kolibri zusah, wie er zielstrebig eine Orangenblüte ansteuerte? Als ich um den Eßtisch herumlief und dabei im Kopf alles umschrieb? Als ich an der offenen Kühlschranktür stand und Thunfischsalat aß? Wie spät war es in Colorado, als ich mich durch den Alltag von Los Angeles treiben ließ? Die Mutter steht neben dem Mädchen auf meinem Bildschirm; ich nehme an, daß es die Mutter ist, ein verblichenes Ebenbild der Tochter, hübsch, weicher, fülliger. Ich habe den Anfang des Interviews verpaßt, die Namen der Menschen, ich sitze da und umklammere die Fernbedienung.

Sommersprossen auf dem Gesicht der Tochter, weiche Haut, eine marineblaue Windjacke, der Zipfel eines weißen Hemdkragens in der Jacke eingeklemmt. Ich stelle mir vor, die Jacke gehört nicht ihr. Vielleicht ihrem Vater oder einem Jungen. Vielleicht einem Polizisten. Eine gerade rote Strähne fällt ihr über ein Auge. Schöne blaue Augen, wie die Reklame für ein All-American Girl. In ihrem Gesicht sieht man den vierten Juli, man kann die Blaskapelle hören. Apple pie und Football und Pompons, den Abschlußball. Zettel in ihren Taschen, sagt sie. Falls man sie erschießt, sagt sie. *Wenn ich sterbe.* Was sind das für Worte? Was sind das für Zettel, die sich ein junges Mädchen in die Jeanstaschen steckt, mit siebzehn?

Die konzentrierte Stille in der Bibliothek einer typisch amerikanischen High School. Ich kann die Sonne über das Holz wandern sehen. Der Geruch von Büchern, der Geruch blauer Tinte auf weißem liniertem Papier, Seiten werden herausgerissen aus einem Ringbuch, doch man hört es nicht, weil Kugeln die Fenster zur Linken zerschmettern. Glassplitter und Knochen und Sommersprossen. Kräftige, junge Beine in turmhohen Turnschuhen. Der Geruch von Seife und Shampoo und Schießpulver. Genau das ist der Geruch, Schießpulver – und Kinderschweiß. Im Laufen werden sie erschossen. Oder im Sitzen. Oder im Stehen. Beim Kauern. Oder Flehen. Viel später, als mein Rücken schon weh tut und ich merke, daß ich noch immer auf dem Couchtisch sitze, erzählt das andere Mädchen von ihrem Flehen. Bitte, nicht schießen, sagte sie. Bitte. *Nicht schießen.* Also schießen sie auf das Mädchen neben ihr. In den Kopf. Ich höre meinen eigenen Atem. Mein Haus ist still genug, um mich zu hören, mein einziges Kind ist weit weg, auf dem College. Meine Tochter, die gerade in einer Bibliothek sitzen könnte. Ich habe einen Schuß gesehen. Ich weiß, was er anrichten kann.

Ich liebe Dich, Mom. Ich stelle mir vor, das steht auf dem Zettel, dem ersten Zettel. Die Schriftstellerin in mir stellt sich das vor. Zerknüllt, in ihrer linken Hosentasche, hinter einem Kaugummipapier, einer Ecke womöglich, so einer kleinen Ecke Silberpapier mit Blau dazwischen, neben einem Fussel, einem Kleenexfetzen, wie ich ihn schon oft vor einer Wäsche aus den Taschen meiner Tochter gefischt habe. *Ich liebe Dich, Daddy. Nur, damit Du's weißt. Falls sie mich töten.* Und zwei Jungen, *Jungen*, das Wort ist Jungen, unterstrichen und kursiv, schießen im Flur auf ihre Klassenkameraden. Das Wort ist *schießen.* Schießen auf ihre Klassenkameraden, halten Pistolen oder Schnellfeuergewehre in den Händen wie etwas, das ich gesehen habe, das ich angefaßt habe, zwei Jungen schießen mit Kugeln wie mit Basketbällen durch eine Bibliothekstür. Morgen wird uns das Ergebnis in leuchtenden Lettern von allen amerikanischen Zeitungen entgegenflackern – Gastgebertreffer: 15.

Ich hatte an diesem Tag Zettel anderer Art beschrieben: Notizen zu einem Aufsatz über den Verlust von Jugendträumen, Hoffnungen, Idealen; über das Gefühl, vom eigenen Leben oder der immergleichen Routine gefangen zu sein. Nach einem Ausweg zu suchen, einem neuen Anfang. Das Leben in die Hand zu nehmen oder, wie die Themenstellung lautet: «Wann bitte findet das Leben statt?» Und ich dachte, ich hätte mir meine Gedanken dazu gemacht, hätte Gedanken entwickelt, sei vorbereitet. Hatte den Tag damit zugebracht, Ideen hin und her zu wälzen. Ich weiß, wann das Leben anfängt und endet, sagte ich mir, ich bin doch kein Kind, ich weiß es. Zwischen dem Kolibri und dem Thunfischsalat, noch einer Runde um den Eßtisch und einigen endlosen, ziellosen Blicken aus dem Fenster, stellte ich mir vor, ich hätte die Antworten. Wenn auch nicht unbedingt in dieser Reihenfolge:

Als wir beschlossen, uns scheiden zu lassen. Das war allerdings ein Ende. Nach all den Jahren als Paar zum Einzel zurückzukehren. Stehenzubleiben, nicht im Bett Zuflucht zu suchen. Als er zurückkam, um seine Sachen zu holen. Zu entscheiden, wo ich stehen sollte in dem Haus, das einmal *unser* Haus war; sollte ich ihm dabei zusehen, wie er *unser* Leben auflöste und in Pappkartons verteilte, oder sollte ich irgendwo hingehen? Vielleicht in der Küche bleiben? Einen Drink oder zwei am Nachmittag zu mir nehmen? Sein Fuß auf der Treppe, sein unverwechselbarer Schritt im ersten Stock über mir. Hoch und runter mit den Dingen, die er nach unseren neunzehn Jahren als seine betrachtete. Eine Lampe für dich, ein Stuhl für mich. Und wie teilt man die Fotoalben auf? Und wie teilt man das Kind auf? Die Gedanken fließen, gleiten wie eine Seidenrobe, die auf den Teppich fällt, ich sehe alles vor mir wie einen Breitwand-Traum, samt Geräuschen und wie sie verebben, gleich einem Countrysong über entschwindende Rücklichter auf der Landstraße, stand ich auf den Eingangsstufen und kehrte mit zitternden Knien in ein halbleeres Haus zurück. Das war allerdings der Verlust eines Traums, eines Ideals. Ein neuer Anfang. Zaghaft, undeutlich, voller Schwindel, doch gewiß auch Hoffnung. Schöne Wendung, denke ich, und ich schreibe, während die Sonne durch den Garten wandert, durch meine Bürofenster fällt und Streifen auf meine Hände malt.

Als mein Vater meine Mutter verließ. Ah, noch besser. Das verschwommene Bein, das durch die Tür hinausging. Ihr Schluchzen. Mein Weinen über etwas, das ich noch nicht wußte. Die feuchte Schwüle in der engen, chaotischen Küche, der Ventilator, der heiße Luft durch den halben Raum wirbelte, auf die Vorhänge und das Haar meiner Mutter auf dem bleichen Gesicht. Gerede über einen Neuanfang. Sie zog die Handschuhe an, setzte ihren Hut auf und ein grelles Lächeln, winkte mir übermütig aus dem Bus zu, als fahre sie in Urlaub, und fuhr in die Stadt, um Arbeit zu suchen. Ich sollte nach der Schule mit dem Essenmachen anfangen. Ich sollte zwischen Gleichungen und Satzbau die Kartoffeln aufsetzen. Ich sollte die Wohnung nicht verlassen und niemandem die Tür aufmachen. Sie würde nicht mehr auf der Bettcouch im Wohnzimmer schlafen, auf der sie geschlafen hatten, sondern würde zu mir in das einzige Schlafzimmer der winzigen Wohnung ziehen. Freundinnen im Doppelbett, sagte sie, schluckte die Galle hinunter und klatschte heiter in die Hände wie Eddie Cantor. Wie im College, sagte sie, noch fröhlicher. Ein neuer Anfang für mich, mit neun Jahren. Panik. Wut. Wie konnten sie das tun? Doch irgendwo zwischen Kolibri und Thunfischsalat wurde mir klar, daß dies keine Veränderung war, die ich mir gewünscht hatte, dies war eine Veränderung, die sich ohne mein Wissen vollzogen hatte. Hinter meinem Rücken. Eine Veränderung, die mir aufgedrückt wurde. Ich zerreiße die Zettel, lösche die Notizen. Fange neu an.

Als meine Tochter aufs College ging und mir zu spät einfiel, daß ich das Klimpern ihrer Schlüssel, ihr süßes «Hi, Mom» und «Bye, Mom», das Knallen ihrer Zimmertür im Takt der wummernden Bässe auf Band hätte aufnehmen sollen. Wie ich mich nach diesen Geräuschen sehnte und mir doch gleichzeitig einredete, dies sei gewiß eine neue Herausforderung für mich. Kein Säugling, Baby, Kind, Teenager, keine Tochter, die ich versorgen, um die ich mich sorgen, für die ich dasein mußte und durfte, außer aus der Ferne. Das Leben zog an mir vorbei. Unaufhaltsam. Die Angst, die Panik, und dann das eigenartige Hochgefühl, einen neuen Anfang darin zu suchen. *Du schaffst es, du schaffst es,* war mein gemurmeltes Mantra, nur eine Frage der Gewöhnung. Und die Notizen führten mich zum letzten Herbst, als der Hund starb und das Haus endgültig leer wurde. Keine Schuhe, keine Pfoten, nichts. Spazierengehen oder nicht spazierengehen keine Frage mehr. Keine Leine, kein struppiger Freund, der mit freudigem Bellen hochsprang. Keine weiche Schnauze, die auf meinem Stiefel lag und zu mir aufblickte, während ich schrieb. Nur ich. Also, jetzt bist du wirklich frei, Schätzchen, von nichts und niemandem mehr gefangen. Allein.

Und dann kam mir die Erleuchtung. Das war's. Nichts dergleichen.

Als mein erstes Buch veröffentlicht wurde. Natürlich, jetzt kommen wir der Sache näher. Der lebendige Beweis dafür, daß man mit fünfzig noch mal aufbrechen kann. Das ungläubige Erstaunen darüber, daß es tatsächlich passierte, ein Neuanfang in diesem Alter. Den ganzen Nachmittag lang Notizen, meine Notizen der Erinnerung, und immer noch an den Tasten, als der Kolibri wohl schon lange schlief, als die Sonne längst hinter dem Dach verschwunden war und das tiefe Blau des Abends die Räume ins Dunkel getaucht hatte. Wie ich mich fühlte und was es bedeutete, meine Finger konnten gar nicht Schritt halten mit meinen Gedanken. Über die wundersame Trunkenheit ohne Sekt. Wie ich das Manuskript tatsächlich fertiggestellt hatte, verstohlenes Tippen in der Küche, vorher und nachher kleine Menschen zur Schule und zurückchauffierend. Zurück an die Tastatur, draußen der lautstarke Zweikampf zwischen G. I. Joe und Barbie, Fingerabdrücke aus Erdnußbutter und Marmelade auf dem weißen Papier, Apfelsaftflecken auf den Ausdrucken, die Geschichte weiterspinnend, während ich ihr das Shampoo aus den Augen wusch, sie ins Bett steckte und ihr «bitte noch ein letztes Mal, Mommy» *Goodnight Moon* vorlas. Ohne eine Menschenseele einzuweihen, fünfeinhalb Jahre, ohne jemanden einzuweihen, aus Angst vor ihren Reaktionen – «Sie sitzt in der Küche und schreibt *was*? Ist der noch zu helfen?» Ein Buchpaket von dem Mädchen, das nie auf dem College gewesen war, einem alten Mädchen. Wie ich das Paket nach New York schickte, die Manuskript-seiten umklammerte und auch das Mädchen vom Federal Express. Sie mit Zöpfchen und falschen Fingernägeln, quietschrosa mit silbernen Motiven an den Spitzen. Ich mit ausgefransten Shorts und schmutzigen Turnschuhen und Herzrasen. Wie ich das FedEx-Paket zumachte und ihr übergab und den ganzen Weg nach Hause weinte. Der Telefonanruf, der Schock, die Stimme sagen zu hören, sie würden es veröffentlichen, der Schock, jemanden sagen zu hören, sie würden es sogar lesen, ganz zu schweigen davon, daß es gut sei, daß sie es auf Elfenbeinpapier drucken würden, das der Rest der Welt in die Hand nehmen kann. Die Meetings in New York, die Anerkennung, schwelgen in der Anerkennung. Wie ich benommen über die Madison Avenue stolperte, Halt suchte an einer Häuserwand, Halt suchte an einem Glas Wodka Martini mit zwei Oliven, bitte. Die Lesereise, die Fernsehinterviews, die Frau, die das Buch in Händen hielt, unter der Trockenhaube im Schönheitssalon irgendwo in Washington, wo ich mir Nagellackentferner leihen wollte und mich hinsetzen mußte, als ich sie sah. Dicke kobaltblaue Lockenwickler, die an die Silberhaube über ihrem Kopf stießen, während die für mich ewig schöne Fremde in die Seiten hineinzukriechen schien, meine Worte aufsaugte. Notizen über Notizen darüber, was alles mit mir geschah, ein ganzer Nachmittag voller Notizen, ein Abend, bis ich merkte, daß meine Beine verknotet, mein Blick verschwommen und meine Schultern an den Ohren angewachsen waren. Bis ich mich schließlich lösen mußte, mir einen kalten Hühnchenschenkel schnappte, damit hinaufging und den Fernseher anstellte. Und als ich dort auf der Kante des Couchtisches saß und das Grauen hörte und sah, wurden meine Notizen hohl. All unsere Notizen. Ein Weckruf. Ist uns noch zu helfen, wenn wir uns vom Leben gefangen fühlen, wo es uns doch genommen werden kann in der Zehntelsekunde, die eine Kugel braucht, um in unser Fleisch einzudringen? Die ein Atemzug braucht. Ein Kuß. Vergänglich, flüchtig, vorübergehend, begrenzt. Wir tun so, als würden wir ewig leben. Unser halbherziges Leben. Ich kenne die Wörter. Kurzlebig heißt es im Wörterbuch. Kurzlebig. Diese Kinder waren kurzlebig. Und die Eltern? Wie steht man wieder auf, nachdem das eigene Kind getötet wurde?

Meine Mutter hat ein Baby verloren. Bekommen und wieder verloren, bevor ich auf die Welt kam. Verloren war das Wort, das sie benutzte. Nicht gestorben. Viele Male in meiner Jugend ging ich mit ihr auf den Friedhof, um das verlorene Töchterchen zu besuchen. Sandy, die Erstgeborene meiner Mutter, Sandra Lee. Rotes Haar hatte sie, sagt Mommy, ein strahlendes Gesicht, während sie mir Schwarzweiß-Schnappschüsse zeigt, feiste Schenkelchen, sagt Mommy mit feuchten Augen, während sie mir erzählt, wie sie der verlorenen Sandy die zarten Kniekehlen küßte. Und grüne Augen, so grün wie das grüne Feld, wo sie unter einem flachen weißen Stein liegt, auf dem ihr Name steht. Ich sah mit meinen braunen Augen zu meiner Mutter auf und wünschte mir verzweifelt rote Haare. Wie bist du wieder aufgestanden, frage ich sie jetzt, wie bist du wieder aufgestanden, nachdem du sie verloren hattest? Ihre Stimme bricht. Meine Mutter ist siebenundachtzig, und ihre Stimme versagt, als hätte sie ihr Baby letzte Woche begraben. «Mein Gott», sagt sie, «darüber schreibst du?» Ich warte. «Ich weiß nicht mehr», sagt sie schließlich, «ich weiß nur noch, daß ich geweint habe, die ganze Zeit.» «Was noch, Ma?» Sie atmet, ein leises Knacken in der Leitung. «Ich habe gefragt», sagt sie, und wieder versagt ihr die Stimme, «warum mußte mir das passieren?» Das statische Knistern vieler Meilen; ich klemme den Hörer mit der Schulter dichter ans Kinn und warte, bis sie weiterspricht. «Niemand hat mir geantwortet», sagt meine Mutter.

Können wir jeden Moment bewußt wahrnehmen? Und uns nicht vom Sturm und Drang des Alltags fortreißen lassen? Woher der selbstgefällige Glaube, man könne es uns nicht wegnehmen? Das gestellte Thema lautet: «Wann bitte findet das Leben statt?» Und wenn wir es jede Sekunde stattfinden ließen? Ist die Frage arrogant? Hoffnungslos optimistisch? Vielleicht. Ich meine damit, jede Sekunde begrüßen. Ich weiß nicht, wie. Das weiß wohl niemand, aber sollten wir es nicht versuchen? Bitten wir erst hektisch um einen Aufschub, wenn der Arzt uns mitteilt, daß die Ergebnisse nicht gut aussehen? Wenn die Freundin einen Knoten in ihrer Brust entdeckt? Wenn ein Kind in Colorado erschossen wird? Er steht hinter mir, sieht mir über die Schulter und liest, mein Hinterkopf ruht an seiner Brust. «Liebes», sagt er, «wir nehmen das Leben erst wahr, wenn man es uns wegnehmen will.» Ich drücke den Kopf an seinen Hemdknopf. Wieso, denke ich. Ich spüre diese Sekunde, ich liebe diese Sekunde. Er küßt mich auf den Scheitel und verläßt das Zimmer.

Jede Sekunde passiert etwas Tragisches, aber wir sehen es nicht, es tobt nicht über unsere Bildschirme. Die Kinder von Colorado waren nicht die einzigen Kinder, die an dem Tag starben, nicht die einzigen Kinder, die getötet wurden. Das nackte Grauen hat uns in diesem Fall hinterrücks erwischt, darum hocke ich wie ein Vogel auf der Kante des Couchtisches, darum verblassen meine Notizen gegenüber jenen, die in einer High-School-Bibliothek in Colorado, in der ich nie gewesen bin, auf einen Zettel gekritzelt wurden. Notizen über die Fallen des Alltags gegenüber Zetteln in einer Jeanstasche. Damit sie wissen, daß ich sie liebe, sagte sie, wenn ich sterbe. *Wenn ich sterbe.* Wir, die wir so übersättigt sein können, als hätten wir vergessen, daß wir nur diese eine Sekunde zum Leben haben, diese Sekunde. Ich weiß nicht, ob ich es kann, ich frage nur. Und bis jemand antwortet, nehme ich den Hörer ab und rufe meine Tochter an, die weit weg auf dem College ist, ich rufe sie an, bevor sie in die Bibliothek geht, ich rufe sie an, um ihr «Hi, Mom» zu hören und ihr zu sagen, daß ich sie liebe, ich rufe jetzt an, in dieser Sekunde, vor dem günstigen Tarif, schamlos, mitten am Nachmittag.

Deutsch von
Miriam Mandelkow

P. und ich

Binnie Kirshenbaum

(Pardon, Philip Roth und Nicholson Baker)

Vielleicht war es nur Zufall. Und doch, vielleicht auch nicht, denn das Jahr, in dem Philip Roth *Goodbye, Columbus* schrieb, war das Jahr meiner Geburt. Fünfzehn Jahre später also lag ich ausgestreckt auf meinem mit weißem Organdy – passend zu den Zierkissen – bedeckten Four-Poster-Bett und las eine zerfledderte Taschenbuchausgabe. *Goodbye, Columbus*, die bittersüße Geschichte einer Sommerliebe zwischen Brenda Patimkin und Neil Klugman. Nun war ich damals, mit fünfzehn, ein wirklich süßes Ding und auf dem besten Wege, selbst so eine Art Brenda Patimkin zu werden.

Brenda. Eine Gattungsbezeichnung für Prinzessin, für eine jüdische, in jeder Hinsicht perfekte Prinzessin. Und wer nicht in jeder Hinsicht perfekt war, ließ es sich richten. Das war mein Geburtsrecht. Eine Brenda zu sein, so selbstverständlich wie Aristokraten Aristokraten sind. Ich lebte in einer Patimkin-Welt: große Häuser inmitten gepflegter Rasenflächen, Country-Clubs, Designer-Klamotten, *Add-a-pearl*-Halsketten. Bei unseren *Sweet-Sixteens*-Parties, die in schicken *catering halls* ausgerichtet wurden, ebenso wie die Bar-Mizwa-Feiern unserer Brüder, gab es immer eine Perle extra. Auch meine Freundinnen waren verwöhnte und verzogene angehende Brendas. Viele von ihnen hatten sich die Nase begradigen und das Kinn implantieren lassen. Die Frisur mit blond gefärbten Strähnchen. Die maniküren Fingernägel mit rosa Perlmuttlack. Fünfzehn Jahre alt, und ließen uns die Nägel im Salon machen. Was dachten wir? Was hatten wir im Kopf? Jungs. Jungs hatten wir im Kopf. Und Pullover. Jede von uns mußte mindestens elf Kaschmir-Pullover haben, oder wir wären gestorben. Gestorben, glauben Sie mir. Hätten uns zusammengerollt und wären gestorben. Verstehen Sie das, Dr. Vogelspiel? Leben und Tod – eine Frage von Pullovern.

Wer also wollte, nachdem er *Goodbye, Columbus* gelesen hatte, Brenda auch nur im geringsten vorwerfen, daß sie Neil am Ende den Laufpaß gab? Schließlich war er nicht gerade ein toller Fang. Er war Bibliothekar. Bibliothekare machen nicht die große Kohle. Brenda hatte bessere Chancen, und worauf meine beste Freundin Renée Finkelstein hinwies, «Ali McGraw hatte ja so recht, Richard Benjamin abzuservieren, denn, sieh mal, nach ihm kriegte sie Ryan O'Neal, der – okay, zwar nicht jüdisch – aber immerhin Anwalt war».

Das war der Film. In der Verfilmung von *Goodbye Columbus* wurde Brenda Patimkin von Ali McGraw gespielt. Richard Benjmain war Neil. Ein oder zwei Jahre danach spielte Ali McGraw in *Love Story*. In *Love Story* heiratete sie Ryan O'Neal, der den Anwalt mimte. Renée Finkelstein war schwachsinnig, aber schwachsinnig wie sie war, verstand sie von bestimmten Dingen doch etwas. Galt nicht der ganze Zirkus nur dem Zweck, einen Ehemann zu finden, der Arzt oder Anwalt war, *a mensch*, der dafür sorgte, daß wir in Gold schwammen und Nerzmäntel, Personal und jenes gute Leben hatten, das uns als Prinzessinnen zustand? Unser Ziel.

Das war nicht das Leben, das ein Bibliothekar einem

bieten konnte, also sagen Sie mir, Dr. Vogelspiel, warum weinte ich, als ich *Goodbye, Columbus* zu Ende gelesen hatte, nicht wegen Neil? Ich hätte Neils wegen weinen sollen, dem armen *Schnuk*, der nie wieder einen Sommer damit verbringen würde, in dem blauen gechlorten Pool des todschicken Green Lake Country Clubs zu schwimmen. Also, warum weinte ich wegen Brenda? Ich werd Ihnen sagen, warum mir das Herz wegen Brenda Patimkim brach. *Meinet*wegen brach mir das Herz, das ist es. Weil ich einen flüchtigen Blick auf meine Zukunft erhaschte, und das hatte etwas Pathetisches. Plötzlich mußte ich mich fragen, ob atemberaubend seicht zu sein womöglich doch nicht die Krönung menschlicher Erfüllung war, zu der ich es hochstilisiert hatte?

Aber was sollte ich tun? Ich war erst fünfzehn, zu jung für einen Himmelssturz – und all die Illusionen dahin. Gar nicht zu reden davon, daß niemand, den ich kannte, weder Freunde noch Familie, einen Thronverzicht leicht genommen hätte. Dieser Konflikt wurde durch die erwachende Sexualität keineswegs einfacher, und ich rede nicht von zarten Regungen des Verlangens. Nicht ich. Ich – ich stürzte direkt in den Kessel der Lust. Oh, Vogelspiel. Ich wollte es. Verdammt, ich wollte es tun. Oh, Mann, ich brauchte es. Gott, wie ich es brauchte. Aber ich traute mich nicht. Und warum traute ich mich nicht? Weil ich kein herzförmiges goldenes Medaillon mit einem Diamantsplitter in der Mitte mein eigen nannte, deswegen traute ich mich nicht. Denn wie in Stein gemeißelt, gleich einem der zehn Gebote, galt in unserem Land das Gesetz: Du sollst dich auf nichts einlassen, bevor du das herzförmige goldene Medaillon mit dem Diamantsplitter in der Mitte in Händen hältst. Das Medaillon kam vor dem Ring, ein Vor-Verlobungspfand von einem *Nice-Jewish-Boy*, was *ein* Wort ist, versteht sich.

Also, warum hatte ich kein Medaillon? Wo war meine Fahrkarte? Ich hatte keinen Freund, weil ich all diese *Nice-Jewish-Boys*, diese pussy-besessenen *Nebbiche*, diese angehenden Ärzte und Anwälte und künftigen New-Jersey-Eigenheimbesitzer etwa so aufregend fand wie ein Stück eingelegten Hering. Statt dessen war ich vollkommen verrückt nach dem einen Jungen an meiner Schule, den ich nicht haben konnte. Dem, der ein gefährlicher Judenjunge war. Ein Oxymoron: gefährlicher Jude. Wenn wir mal absehen von Meyer Lansky, Bugsy Segal et al., wer hat je von einem gefährlichen Judenjungen gehört? Stimmt schon. Sie sind nicht gefährlich in dem Sinne wie die Hell's Angels oder Massenmörder. Sie verstehen nichts von Waffen und physischer Gewalt. Sie sind gescheit, gut erzogen, politisch links, und sie besitzen die Arroganz des gepeinigten Genies. Der Junge, hinter dem ich her war, hatte eine Maske, einen kalten Zug, der, das wußte ich, Ärger bedeutete, aber es war Ärger, dem ich entgehen würde, denn der Typ war zu sehr damit beschäftigt, eine Reihe Mädchen mit episkopalischen Namen wie Catherine, Blaire und eine Brechreiz verursachende Uschi anzumachen, die die exklusive *Greenwich-Country*-Tagesschule besuchte. Exklusiv hieß keine Juden, keine Schwarzen. Also welche abartige Veranlagung, Vogelspiel, brachte mich, eine Brenda, dazu, scharf auf ihn zu sein, der er ein Alex war?

Ein Alex. Wie Alexander Portnoy. *Portnoys Beschwerden* war meine Büchse der Pandora, und Erkenntnisse aus diesem Buch kamen über mich wie die Heuschrecken über Ägypten. Was ich aus *Portnoys Beschwerden* lernte, ist folgendes: Diese gescheiten, arroganten, ein bißchen gefährlichen, gepeinigten Judenjungs würden von mir, einem jüdischen Mädchen, nie etwas wollen. Für sie waren jüdische Mädchen eine bekannte Größe, die man mit ihren erdrückenden Müttern und ihren aufgeblasenen Schwestern über einen Kamm scheren konnte. Da, das war es, schwarz auf weiß, direkt aus dem Munde dieses typischen Juden-mit-Macke höchstpersönlich: Alexander Portnoy. Die Sehnsucht nach *Schicksen*. Sein Aushängeschild schwenkend, verging er, verzehrte er sich nach «diesen faden blonden Exotinnen».

Und doch hatte ich eine verzwickte Geschichte mit feuchten Slips wegen eines phantasmagorischen oder sollte ich sagen phantasorgastischen Alexander Portnoy.

Halbblind phantasierte ich mich in die Vorstellung hinein, Alexander Portnoy zu vögeln, auf seinen beschnittenen Schwanz niederzusinken. Oh, Alex. Alex. Ahhh, Alex.

Aber, und das ist das große Aber, selbst wenn Alex Portnoy ein Mensch aus Fleisch und Blut wäre und nicht eine an Buchseiten gebundene literarische Figur, würde das nie geschehen. Wieder und wieder ließe er mich wissen, daß ich nicht sein Typ bin. Ich war nicht begehrenswert. Ich war eine Brenda.

Halt, warten Sie einen Moment. Lebte ich nicht in Amerika? Im Lande der Freiheit? Konnte ich nicht einfach sein, was ich sein wollte? Okay, ich hatte einen erkennbar jüdischen Namen und ein Gesicht, mit dem man das alte Testament illustrieren könnte, aber wer – außer Gott, und, Hand auf's Herz, Vogelspiel, wildgewordene Hormone konnten Gott jederzeit außer Gefecht setzen –, wer sollte mich daran hindern, die Seiten zu wechseln? In Amerika gibt es keinen Rassereinheitstest. Und so blieb ich unbehelligt, als ich auf dem Fragebogen für die Universitätsimmatrikulation in die Spalte für Religion schrieb «halb jüdisch, halb *Church of England*». Einfach so machte ich meine Mutter zur Episkopalin und damit den ersten Schritt, mich von einer Brenda in eine Exotin zu verwandeln.

In der Hoffnung, mein Teint würde blaß und matt werden, mied ich die Sonne. Ich ließ mein Haar wachsen, färbte es kastanienbraun, die Farbe eines Irischen Setters, mit Betonung auf «Irish», also keine jüdische Farbe, und ich trug mein irischfarbenes Haar zu Zöpfen geflochten und um den Kopf gewunden. Ich kleidete mich ausschließlich in Schwarz und las Jane Austen, Virginia Woolf und Dorothy Parker. Und so ging ich zur Uni, wo ich Martinitrinken als außercurriculare Tätigkeit belegte. War das pfiffig oder was? Wer hat je von einem jüdischen Mädchen gehört, das Martinis trank, pur, mit Zitrone? Jeder weiß, daß jüdische Mädchen Pink Ladies trinken, Grasshopper, süße, mit kleinen Papierschirmchen und Maraschinokirschen garnierte Drinks.

Und, *voilà*, Erfolg! Ich, geborene Brenda, fand mich an der Seite eines brillanten, vage gefährlichen, sich selbst hassenden Judenjungen. Mein Alex. Ich bekam Judenfleisch zu essen. Wie ein glücklicher Kreisel wirbelte ich auf seinem gescheiten Schwanz herum. Aber, stellen Sie sich vor, Vogelspiel, mein Judenjunge erwies sich als ebenso rassereinheitsfanatisch wie Heinrich Himmler. Es dauerte nicht lange, und ich wurde wegen einer vollblütigen Protestantin namens Bootsy abserviert. Seit dieser Zeit wußte ich noch etwas. Mädchen namens Bootsy blasen nicht gut.

Und doch, er servierte mich ab wegen Bootsy, einem Mädchen, das bei Sperma würgte. Das müssen Sie sich vorstellen. Es wird einem schwindlig. Ich gebe zu, daß ich diese Kränkung nicht gerade nahm wie eine Episkopalin mit Sportsgeist. Ich benahm mich vielmehr wie eine Idiotin, etwa indem ich ihn nachts stündlich anrief, bettelnd, mich windend und heulend, sagte ich, komm, laß mich ihn dir blasen, nur noch ein einziges Mal. Ich drückte mich hinter Ulmen herum und verfolgte ihn und Bootsy auf dem Campus. Im Eßsaal setzte ich mich zwei Tische weiter von den Turteltäubchen und las, als wäre ich deshalb dort, *Mein Leben als Mann*. Ich las die Geschichte des armen Peter Tarnopol, der mit einer Irren von Ehefrau geschlagen war, einer Irren namens Maureen, die sich auf dem Campus, wo er unterrichtete, hinter Ulmen herumdrückte und ihm nachstellte. Ich krümmte mich vor Erniedrigung, als ich in dem Buch einige meiner alles andere als netten Verhaltensweisen wiederfand. Ich tat, was ich las, und das reichte, um mir zu sagen, hej!, komm, genug damit, Baby.

Wissen Sie, was mir bei *Mein Leben als Mann* noch aufging, Vogelspiel? Mir wurde klar, daß man das Ganze auf zwei Arten betrachten konnte. 1) Das Hauptproblem war nicht, daß ich ein jüdisches Mädchen war, sondern, daß ich ein Mädchen war. Periode. Was für eine Wahl ließ Mr. Roth uns schon, dem Doppel-X-Chromosomengeschlecht? Wir waren entweder jüdische Prinzesinnen, jüdische Flops, jüdische *Kwetschen*, oder wir waren *Schicksen*, Göttinnen, zu vornehm, um einen Schwanz zu lutschen, zu dumm, ein Buch zu lesen, oder einfach nur bescheuert. Und das konnte ich nicht so mir nichts dir nichts von der Hand weisen, denn Mr. Roth versteht etwas von seinem Handwerk. Er hat nämlich, Vogelspiel, diese Frauen lebendig werden lassen. Sie waren wirklich. Verdammt noch mal, sie waren ich.

Mein Leben als Mann. Hmmm. Was hatte Peter Tarnopol zu meckern? Er war wenigstens ein Mann. Wie verkorkst, wie impotent auch immer, ein Mann zu sein schien immer noch besser als die Alternative. Aber was konnte ich machen? In meinem Alter einen faustdicken Penisneid entwickeln? Einen Schwanz ganz für mich allein begehren? Einen Schwanz, mit dem ich – auf dem Heimweg vom Metzger – in ein Stück Leber ejakulieren und mich dabei von tiefen Gedanken ergreifen lassen konnte? Dahin führte das nämlich. Ja, ja, Mädchen konnten erwachsen werden, um Gastro-Enterologen zu werden und Kranfahrer oder Polizisten, aber was sie nicht werden konnten, war das gepeinigte Genie. Nicht mit all diesen jüdischen Jungs ringsum, die dieses Recht für sich reklamierten.

Warum? Sie fragen, warum? Warum habe ich Mr. Roths Romane weiter gelesen, wenn sie mir solche *Zores* einbrachten? Was sind Sie eigentlich für ein Upper-Westside-*Shrink*, Vogelspiel? Gerade *deshalb* hab ich sie gelesen. Was? Sie lesen Bücher, weil sie nett sind? Wer will *nett* von einem Roman?! Ich las die Romane von Mr. Roth, weil sie nicht nett waren, weil sie ein paar bedeutsame Fragen stellten, auf die ich Antworten wollte. Und sehen Sie, Vogelspiel, ich bekam Antworten. Ein paar jedenfalls.

Damit komme ich zu Punkt 2). Ich gab mich mit den falschen Jungs ab. Wenn ich die Bienenkönigin sein wollte, dann war der Trick, WASPs um mich zu sammeln. Weiße Angel-Sächsische Protestanten. Und Bingo! Diese blonden, blonden Jungs benahmen sich, als wäre ich Batsheba oder Die mit dem Schleier tanzt. Ich war überhaupt nicht wie *ihre* Mütter und Schwestern. Oh, beileibe nicht. *Ich* war die Exotin. *Ich* war das gepeinigte Genie. *Ich* war die Leidende mit den glühenden Augen. Es gab nur einen Haken. Blonde Jungs wären eher bereit, einen Teller *gefilte fisch* zu essen, als mich zu lecken. Was ist das mit diesen *Gojim*? Ist oraler Sex für Protestanten *treife*?

Aber ich war auf der richtigen Spur, und zwar als ich mir darüber klar wurde, daß es auf der Welt nicht nur Juden und WASPs gibt. Es gibt eine ganze Masse «andere» da draußen. Es gibt Italiener und Holländer, Skandinavier und Hispanier, und ich will Ihnen noch was sagen, Dr. Vogelspiel. Es gibt Deutsche. Sie wollen einen Mann sehen, der absolut verrückt nach jüdischen Pussys ist? Suchen Sie sich einen schuldgeplagten Deutschen der Zweiten Generation. Als ob meine Möse der Schrein zu den sechs Millionen wäre ...

Einige wunderbare Jahre sind vergangen, seit ich ein Auge (oder Hände und Mund, wenn Sie so wollen) auf einen beschnittenen, psychologisch gestreßten Schwanz warf. Und wohin brachte mich das? Zu *Sabbaths Theater*. Endlich, lang war die Zeit, schenkte Mr. Roth mir eine Heldin, die ich bewundern konnte. Drenka, Sabbaths Geliebte war klug, dick und extrem sexy. Eine Frau, von der man etwas lernen konnte, nur, daß sie im Verlauf des Romans an Krebs stirbt. Davon abgesehen, hatte ich das alles hinter mir, dieses Mich-selbst-erfinden, auch wenn ich in der Lage gewesen wäre, Drenkas süd-osteuropäischen Akzent nachzuahmen, der so sexy war. Nichtsdestotrotz, das will ich zugeben, dankte ich Gott, daß Drenka diejenige war, der meine Sympathien galten, und nicht Sabbaths Ex-Frau Roseanna, eine dusselige Alkoholikerin, die in ein Selbsthilfeprogramm nach dem andern abtauchte. Nie war ich so erleichtert, daß mir der Sinn weder nach der Zwölf-Schritt-Methode stand noch danach, dieses alberne Geschwätz von «Rettung» abzusondern, denn nie zuvor klang dieser Jargon so dämlich wie aus dem Munde von Roseanna.

Aber wer weiß, vielleicht wäre die Zwölf-Schritt-Methode doch was gewesen, wenn die Dinge anders gelaufen wären. Wenn ich den Tarnopols nicht zu jener einen bestimmten Zeit begegnet wäre, wenn ich nicht angesichts der Mätzchen von Maureen vor lauter Wiedererkennen zusammengeschrumpft wäre, dann wäre ich vielleicht bei den Martinis und der ständigen Schikane geblieben. Oder, wie wär's mit folgendem Szenario? Was meinen Sie, war, fünfzehn Jahre, nachdem sie, Ciao, Neil, gesagt hatte, aus Brenda, geborene Patimkin, geworden? Können Sie sie sich nicht einfach auf einem Liegestuhl im Country Club vorstellen, die Haut ledrig geworden, Valium mampfend, als handle es sich um gesalzene Cashew-Kerne, unfähig, mit dem Maler, dem Gärtner, der anstehenden Bar Mizwa klarzukommen, mit ihrem *Schmock* von Ehemann und den Erinnerungen an einen Typen, der in der Bibliothek gearbeitet hat? Wie lange, glauben Sie, dauerte es noch, bis Brenda sich in die Betty-Ford-Klinik einweisen ließ?

Und auch das hätte ich sein können. Ganz einfach hätte ich das sein können, wenn ich nicht *Goodbye, Columbus* zu jener einen bestimmten Zeit gelesen hätte. Andererseits, wenn ich *Goodbye, Columbus* nicht zu jener einen bestimmten Zeit gelesen hätte, würde ich heute vielleicht ein himmlisches Leben in einem Palast in den Suburbs führen, mit meinem Netten-Jüdischen-Ehemann und unseren beiden hinreißenden Kindern, dem Prinz und der Prinzessin Junior. Ich hätte nicht eine Sorge auf der Welt (oder nicht einen Gedanken, was das betrifft).

Aber, o nein, statt dessen bin ich hier: Ich lebe in einem Loch von Apartment mit einer Katze, ich mache mir die Nägel selbst – keine Salons für die Exil-Prinzessin –, und ich schreibe Romane, statt meinen Rückenschwimmstil in einem blauen gechlorten Pool zu perfektionieren. Und wessen Schuld ist das, Vogelspiel? Ich sag Ihnen, wessen Schuld das ist. Es ist Philip Roths Schuld, daß nicht ein Tag vergeht, an dem ich mich nicht frage, ob und wo ich fehlging.

Deutsch von
Patricia Reimann

Memoiren einer Tochter aus gewöhnlichem Hause

Fanny Müller

Im letzten Jahr am Heiligabend spielten die Nichten und ich ein blödes Psychospiel, bei dem man sagen mußte, an welcher Stelle auf einer Skala von eins bis zehn man sich einordnet, was beispielsweise den eigenen Ehrgeiz betrifft. Ich hatte mir die Nummer drei gegeben, während die Nichten mich auf Stufe neun setzten. Offensichtlich hatten sie ein anderes Bild von mir als ich selbst, und das kränkte mich. Und offensichtlich hatten sie eine andere Vorstellung von Ehrgeiz als ich, aber das kam an diesem Abend noch nicht zur Sprache. Konnten sie wirklich glauben, mich gern zu haben, und gleichzeitig vermuten, daß ich über Leichen gehe?

Frau Thatcher flimmerte durch mein Hirn, und vorsichtshalber behauptete ich erst mal, daß alles, was ich bisher erreicht habe, auf Zufall beruhe ... zufällig bin ich auf jene Party gegangen, zufällig traf ich da diesen Millionär, der mich heiratete, und nicht mehr ganz zufällig muß ich jetzt immer diese scheußlichen Halstücher mit Pferdeköpfen oder Ankern drauf tragen ... Nun, zufällig bin ich nicht, ich traf auch nicht, und meine Klamotten kaufe ich immer noch bei Peek & Cloppenburg, nachdem ich aus dem Alter für H & M raus bin.

Was allerdings stimmt: Ich habe damals auf Bärbels

Party Lothar kennengelernt und ihn auch für kurze Zeit geheiratet, genauer gesagt, für anderthalb Jahre, aber ich hätte vermutlich auch jemand anderen geheiratet. Immerhin war ich schon 24, und Oma, die bereits auf ihrem Totenbett lag, äußerte sich dahingehend, daß es doch wohl mal Zeit werde, und ob ich mir nicht eine Dauerwelle machen lassen wolle. Gott bewahre! Dann lieber heiraten. Wenn auch nicht unbedingt einen Beamten, wie Oma mir immer ans Herz gelegt hatte, «... dann bist du abgesichert».

Während meiner Schuljahre als Backfisch – Teenager gab es noch nicht – war mir immer klar gewesen, daß eines Tages noch etwas ganz Wunderbares auf mich zukommen würde. Beruf, Heirat, ja, das sicher auch, aber darüber hinaus würde mir einfach etwas passieren, ganz ohne mein Zutun selbstverständlich, denn Eigeninitiative kam in den Mädchenbüchern nicht vor, wo man auf den jungen Doktor oder Förster oder Grafen einfach wartete.

Ein Mann kam in meinen Träumereien allerdings kaum vor, obwohl ich zugeben muß, daß ich in der 3. Klasse in einem Aufsatz «Was will ich werden?» wenig originell eine Heirat sowie Zwillinge in Aussicht stellte und zudem meinem Gatten jeden Abend Bratkartoffeln zubereiten würde, damals mein persönliches Lieblingsessen. Das führte dazu, daß ich von den anderen Kindern eine Zeitlang «Bratkartoffel» genannt wurde. Eine Bezeichnung, die für einen Spitznamen aber nicht kurz genug und deshalb glücklicherweise bald vergessen war.

Mit 18 hatte ich den ersten Freund, mit dem ich «ging», und schlief mit 21 zum ersten Mal mit einem Mann. Den ich mir auch nicht ganz zufällig ausgesucht hatte. Er war verheiratet, und ich dachte, wenn es denn sein muß, dann einen, der es wenigstens kann. Ich muß ja ziemlich bescheuert gewesen sein. Nein, ein Mann spielte keine große

Rolle. Vielmehr dachte ich an etwas Glanzvolles, Unerhörtes, das keine richtige Gestalt annahm – ich wollte weder Filmstar noch Stewardess werden, was gerade in Mode kam, eher noch Sängerin in einer Rockgruppe, doch konnte ich vielleicht singen? –, aber ein Glück, ein Traum, ein Märchen würde es sein ...

Dem entsprach Lothar nicht gerade. Er war groß und jähzornig, und es gab häufig lautstarke Auseinandersetzungen. Vor unserer Wohnungstür klebten dann der Arbeiterverräter Herr Ehmann und seine Frau am Schlüsselloch – er war Gewerkschaftsfunktionär, und sie, die aus der Unterschicht stammte, nannte ihn Arbeiterverräter –, und er schwor, daß «wenn der der kleinen Frau was antut ...», was mir Frau Ehmann später erzählte.

Lothar tat mir allerdings nichts an. Er wurde nur ausfallend, wenn er angetrunken war, und für mich war es dann ein Leichtes, ihm mit meinen hölzernen Gesundheitssandalen – Klapperlatschen genannt – eins über die Rübe zu ziehen.

«Alles gut und schön», wirft an dieser Stelle die älteste Nichte ein, «wenn du damals nicht zu dieser Bärbel auf die Party gegangen wärst ...» «...dann hätte sie einen anderen Deppen kennengelernt. Hat sie doch gesagt!» unterbricht die zweite Nichte (Danke, mein Kind), und die dritte ergänzt: «Hat dich doch wohl keiner gezwungen zu heiraten, oder was?» Das direkt nicht, aber unverheiratete Frauen wurden damals angeblich «komisch», weil sie «keinen abgekriegt hatten», und heute kann man sich wohl kaum noch vorstellen, wie wichtig es war, nicht mehr als «Frollein» angesprochen zu werden.

Wir wohnten außerhalb, ich kam also erst kurz vor sechs Uhr von meiner Arbeit in einem Hamburger Hotel nach Hause, setzte quasi in Hut und Mantel die Kartoffeln auf, und Sonntagnachmittag gab es Kaffee für die Verwandten. Das ist also das Leben als Erwachsene, dachte ich in den ersten Monaten meiner Ehe und setzte einen gewissen Stolz darein, mich damit abzufinden, und fing an, den langen Flur sorgfältig zu wienern, nachdem ich mit Frau Ehmann des langen und breiten das beste Produkt dafür erörtert hatte. Ich sehe mich noch an der Wohnungstür stehen und den Flur aus einem bestimmten Blickwinkel beäugen – ist er da an der linken Seite auch richtig blank geworden? Dieser masochistische Zug hielt aber nicht lange vor, auch schrieben wir inzwischen 1968, das war eine große Hilfe.

Da saßen plötzlich junge Leute mit langen Haaren auf Straßenbahnschienen und sagten, daß alles irgendwie so nicht weitergehen dürfe. Was und warum, verstand ich nicht, und eine Diskussion zwischen Rudi Dutschke und Ernst Bloch, die ich im Radio verfolgte, machte die ganze Sache nicht gerade übersichtlicher. Im Grunde war mir das auch egal. Hauptsache, es war Leben in die Bude gekommen.

Ich lieh mir Geld von meiner Mutter, was relativ einfach war, denn sie hatte schon immer gewußt, daß «das» nicht gutgehen würde, und ließ mich scheiden. Im Herbst 69 rief mich eine Freundin aus Berlin an, sie habe gerade wieder angefangen zu studieren. Wenn die das macht mit zwei kleinen Kindern am Hals, dann wäre es ja wohl gelacht, wenn ich das nicht auch auf die Reihe kriegen könnte! Ich kündigte von heute auf morgen meine Stellung als Sekretärin und meldete mich in der Universität an.

Zufällig – zufällig? – hatte ich das Abitur schon in der Tasche. Mit zehn Jahren war ich aufs Gymnasium gekommen, das Mädchenlyceum hieß. Noch während ich diese Anstalt besuchte, wurde sie umgetauft in Vincent-Lübeck-Schule. Die beiden Kunstlehrerinnen hatte sich für Paula Modersohn-Becker stark gemacht, aber die beiden Musiklehrer hatten bessere Karten, und so wurde diese reine Mädchenschule nach einem Komponisten aus der Zeit Bachs benannt, den kein Mensch kannte. Im Lehrerzimmer gab es zwar deutlich mehr Frauen als Männer, aber offensichtlich hatten sie keinen Einfluß oder wollten keinen haben. Gut Dreiviertel der Lehrerinnen hatten übrigens ihre Ausbildung kurz vor oder während des Faschismus absolviert und bereits meine Mutter und Tante unterrichtet; alte Jungfern mit einem «von» vor ihrem Familiennamen und alle, mit wenigen Ausnahmen, fulminante Schreckschrauben. Die Schülerinnen, die für die netten jungen Kunstlehrerinnen schwärmten, hatten in Schulangelegenheiten nichts zu melden; nicht außergewöhnlich Ende der fünfziger Jahre und damals noch kein Grund zum Aufruhr.

Anfangs fühlte ich mich nicht wohl in dieser Schule. Ich kam aus einer relativ armen Familie und besaß weder Bücher, die ich verleihen konnte, was für den Grad an Beliebtheit in der Klasse wichtig war, noch konnte ich mit schönen Kleidern oder Einladungen zu Hausparties aufwarten. So mauserte ich mich zum Klassenkasper und war schnell wohlgelitten. Mir scheint, daß die lustigen Mädchen nie aus den wohlhabenden Familien kommen. Die lassen sich amüsieren.

Die Folgen waren weitreichend. Bis heute fällt es mir nicht schwer, auch in ernsten oder sogar tragischen Situationen das Komische zu entdecken. Das hat mir mein Leben sehr erleichtert.

Das Ziel meiner Schullaufbahn sollte die Mittlere Reife sein, und die wäre es auch geworden, wenn nicht meine drei Freundinnen, die Clique also, das Abitur machen wollten. Ich mochte mich nicht von ihnen trennen, setzte durch, daß ich die Schule weiter besuchen durfte, und so wurde ich der erste Mensch in unserem Dorf, der die

Hochschulreife erlangte. Erst vor kurzem habe ich erfahren, daß die drei damals ihre Eltern unter den gleichen Druck gesetzt hatten wie ich: «Die anderen dürfen auch!» Wir haben wohl gespürt, daß die Zeit der Rebellion und blanken Forderungen noch nicht gekommen war. Von den etwa 120 Mädchen der 5. Klassen blieb nicht einmal ein Drittel bis zum Abitur. Dem Argument «Du heiratest ja sowieso» war nicht viel entgegenzuhalten; wir glaubten ja alle, auch die Abiturientinnen, daß dies unwiderruflich auf uns zukommen würde.

Nun war ich also reif für die Hochschule, aber da niemand je in der Familie studiert hatte, konnte ich mir nicht vorstellen, was das heißt: studieren. Ich begriff die Universität als eine Art größerer Schule, und von Schule hatte ich die Nase voll. Besonders von den deutschen Besinnungsaufsätzen, in denen gelogen wurde bis die Schwarte krachte. Wenn ich in einen solchen Aufsatz den lieben Gott – zehn Jahre früher wäre es wohl der Führer gewesen – und ein angeblich gutes Verhältnis zu meiner Mutter hineinschmuggeln konnte, dann hieß es «reife Leistung». Das Berufsleben, das ich ja ebensowenig kannte wie die Uni, erschien mir dagegen als ein Hort der Ehrlichkeit – es wurde die wirkliche Leistung gewürdigt und nicht irgendwas Ausgedachtes, Verlogenes. Wie ich auf einen solchen Irrsinn kam, weiß ich bis heute nicht. Nun, von den Bedingungen des Kapitalismus hatte ich noch nie etwas gehört, auch davon war in den Mädchenbüchern nicht die Rede gewesen und in der Schule schon zweimal nicht.

Es traf sich, daß meine Tante vorschlug, mich eine Hotelfachlehre machen zu lassen, auf Sylt zum Beispiel, da würde ich interessante Leute kennenlernen und gleichzeitig hausfrauliche Kenntnisse erwerben, was nicht schaden konnte. Meine Vorstellungen vom Hotelbetrieb bezog ich aus amerikanischen Filmen der vierziger Jahre, in denen schön angezogene Frauen auf mit roten Läufern bezogenen Marmortreppen hinunterschwebten, wo reichlich mit Handküssen um sich geworfen und jede Menge Martinis weggetrunken wurde. Mit einem Wort: Große Welt. Das war doch was!

Die Wirklichkeit sah natürlich anders aus. Es hieß Betten machen, Bier zapfen, Telefon bedienen, Salat waschen, Weinkisten schleppen, servieren, in der Mangelstube schwitzen, Kochmützen bügeln ... nach sechs Monaten beherrschte ich diese Arbeiten, mußte aber noch weitere zweieinhalb Jahre dort bleiben, bis die Lehre beendet war.

Was man einmal angefangen hat, das macht man auch zu Ende! Auch das eine der Maximen von Oma, die ich heute niemandem mehr unbesehen ans Herz legen möchte. «Also vertane Zeit!» stellen die Nichten fest. Mag sein. Später hat es sich allerdings bezahlt gemacht, daß ich nicht nur Menschen aus meinem eigenen Milieu zu Gesicht bekommen habe, sondern praktisch alles, was man sich zwischen der türkischen Putzfrau, die den Keller fegte, und Otto von Habsburg, der einmal Gast im Hotel war, vorstellen kann.

Die Mädchen aus der Clique verfolgten inzwischen andere Ziele. Rosi heiratete früh, bekam zwei Kinder und arbeitete als Sekretärin. Kein Grund, sie zu beneiden. Olga studierte Medizin und Regine Musik. Das war nicht schlecht, aber auf mich wartete ja ganz etwas anderes ...

Jetzt aber war auch ich Studentin!

Jobs als Aushilfe in einem Institut für Afrikaner, die Deutsch lernen wollten, als Stewardess auf dem Trans-Europa-Express und als Telefonistin beim Ärztlichen Notdienst rundeten die 400 Mark Bafög und die 100 Mark von Muttern ab. Außerdem teilte ich mir die Miete mit Armin, der auch studierte. Aber was sollte ich studieren? Eine besondere Begabung oder Neigung konnte ich nicht bei mir feststellen, und was blieb dann? Irgendwas, das jeder kann: Lehrerin! Das war nicht gerade der Hit, aber die dreieinhalb Jahre Studium schienen mir endlos lang zu sein, Jahre, in denen ich frei sein würde. Ziemlich komisch, wenn ich heute daran denke, wie blitzschnell zehn, ja zwanzig Jahre herumgehen. Und mit der Freiheit war es auch nicht weit her: Während meiner Studienjahre kam ich in Kontakt zu sogenannten K-Gruppen und reihte mich sehr bald dort ein. Der persönliche wich einem gemeinsamen Traum; nicht ganz abwegig, wenn man bedenkt, daß in dieser Zeit die Nelkenrevolution in Portugal stattfand, Allende in Chile regierte, die Roten Brigaden Italien kräftig aufmischten, Franco starb und das Ende des Vietnamkriegs die Amerikaner blaß aussehen ließ – bald würde womöglich auch in Deutschland eine andere Art zu leben ins Haus stehen. Daß und warum dem nicht so war, möchte ich hier nicht ausführen. Ich will auch fast gar nichts über die kommunistischen Gruppen oder über mein Leben in Wohngemeinschaften berichten, das haben andere zur Genüge getan – nur eins: Gruppendruck hin, falsche Analysen her –, ich habe da mitgemacht und muß die Verantwortung auf mich nehmen. Basta! Schließlich hätte ich jederzeit aussteigen können; niemand wurde deshalb einen Kopf kürzer gemacht.

Jedenfalls konnte ich aber dank vieler Diskussionen und Schulungen meine diffusen Vorstellungen von oben und unten, von Recht und Unrecht, auf eine solide Basis stellen. Es ist doch sehr beruhigend zu wissen, was die Welt «im Innersten zusammenhält». Noch beruhigender wäre es zu wissen, was man daran ändern könnte. Und da sieht es heute nicht mehr so rosig aus, wie es uns damals erschien. Erschwerend kommt noch hinzu, daß die Unterscheidung von Gut und Böse (Serbe oder Kroat'?) nicht unbedingt leichter geworden ist.

Meine Wanderungen durch diverse Wohngemeinschaften haben mir zu der Einsicht verholfen, daß ich zwar gerne meine Freundinnen und Freunde um mich habe – und tatsächlich ist es mir mit vielerlei Tricks gegenüber dem Hauswirt gelungen, einige von ihnen in dem Haus unterzubringen, in dem ich jetzt schon lange wohne –, aber daß ich gleichzeitig und unbedingt eine Wohnung und einen Anrufbeantworter für mich allein haben muß. Für Frauen, die, nur um nicht alleine leben zu müssen, sich mit Männern arrangieren, die sie nicht mit der Kohlenschaufel anfassen würden, sofern sie wirklich alle Tassen im Schrank hätten, habe ich wenig Verständnis. Leider ist das nicht nur ein Problem meiner Generation, was meiner Überzeugung entspricht, daß man Erfahrungen nicht weitergeben kann und aus der Geschichte so gut wie nichts gelernt wird. Trotzdem kann ich es nicht lassen, ab und zu ein paar schlaue Sätze dazu loszuwerden … Im übrigen habe auch ich mich mit Männern abgegeben, versteht sich, und nicht zu knapp, die man nicht als Spitzenkräfte bezeichnen könnte. Die Auswahl ist ja auch nicht gerade überwältigend, aber meine Intention war es nie, jemanden haben zu wollen, dem ich es zu Hause gemütlich mache.

Die Nichten, fast eingenickt, erwachen jäh zum Leben: «Deine Männer? Erzähl doch mal!» Meine Männer, meine Männer! Ich muß ja nicht alles ausplaudern! Es lohnt sich auch nicht, denn von Männern habe ich nichts gelernt, höchstens durch Männer. «Die sind im übrigen wie Flughäfen», predige ich, «kennst du einen, kennst du alle. Einzige Ausnahme: der jeweils aktuelle Liebhaber.» Frauen, und da bin ich keine Ausnahme, machen häufig Witze über Männer. Da hat man einen, den man zu kennen glaubt, und plötzlich sieht man, wie er in Gesellschaft anderer Männer neben sich tritt, sich aufplustert, anders spricht, anders aussieht, fremd wird. Je älter ich werde, desto weniger belustigt mich das. Ich empfinde es als bedrohlich. Mag ja sein, daß ihr konkurrentes Verhalten daran liegt, daß sie selbst kein Leben hervorbringen können und deshalb Sachen hervorbringen; eine Menge tödliches Zeug, wie Vergangenheit und Gegenwart beweisen. Ich will es nicht mehr so genau wissen. Die Zeit, die mir noch bleibt, möchte ich mit fruchtbareren Gedanken verbringen. Ein frommer Wunsch fürwahr, und höchstwahrscheinlich wird es nicht klappen.

Und im übrigen ist die «bedingungslose Liebe» für Frauen erfunden worden und als Garantie dafür die Ehe. Dies sollte man als ein interessantes Phänomen betrachten. Daran zu glauben bringt einen unweigerlich in Teufels Küche. Merkt euch das! Ende.

Die Nichten werden maulig. «Na, ja, dann eben die Dings, die Frauenbewegung, warst du da auch zugange?» Logisch, was denn sonst? Allerdings ging ich sehr schnell auf Distanz. Gemeinsam menstruieren? – Ach du liebe Zeit! Diesen Fluch habe ich so wenig geliebt wie eine Grippe. Was anderes wäre es vielleicht gewesen, wenn ich dafür eine Woche im Monat frei gekriegt hätte. Aber da Männer ihre Tage nicht haben ...

Das allgemeine Gejammere ödete mich bald an, besonders von den Frauen, die wie ich privilegiert waren, Bildung, Beruf, ausreichend Geld hatten ... sich aber permanent als Opfer stilisierten. Da hat sich auch nicht viel geändert. Erst vor wenigen Tagen rief eine Frau bei Dr. Marcus an, dem Ratgeber im NDR, ihr Mann habe sie 25 Jahre lang betrogen, bis es «biologisch» bei ihm nicht mehr gegangen sei, und jetzt habe sie eine Schachtel Viagra bei ihm gefunden, wovon sie allerdings nicht profitiert habe ... Eine vorsichtige Anregung des Dr. Marcus, ob sie sich nicht vielleicht scheiden lassen wolle, wischte sie beiseite. «Nein, nein, das schöne Reihenhaus ...» Tja, da hält sich mein Mitleid in Grenzen.

Und jede Frau hat heute ja wohl immer noch mindestens eine Freundin, die nachts beschickert anruft und zum soundsovielten Male berichtet, wie Jens, Albert, Franz oder Matthias sich mal wieder aufgeführt haben. Heute sage ich diesen Frauen, daß sie erst wieder anrufen sollen, wenn sich irgendwas geändert hat. Meine Nachtruhe geht mir über alles.

Von der Gleichberechtigung für Frauen halte ich nichts. Ich möchte nicht gleichberechtigt einen Krieg anzetteln dürfen. Frauen sollten vielmehr berechtigt sein, auf ihre Weise an allem teilzuhaben – wenn sie es denn wollen. Allerdings sollten sie im Auge behalten, daß sie sich wie ein Holzfäller aufführen müssen, wenn sie sich allein in ein Holzfällercamp begeben.

Wie sich jede leicht denken kann, gingen die Jahre des Studiums und die Schonzeit des Referendariats im Sauseschritt vorbei, und plötzlich stand ich eines Tages vor einer Klasse von Berufsschülern, alles 16- bis 19jährige Knaben, die rechts vor sich auf dem Tisch den Motorradhelm, links eine Dose Bier und in der Mitte die Bildzeitung liegen hatten und mit einem Blick auf mich «Was ist *das* denn!» zueinander sagten. «Warum bist du um Gottes willen denn 11 Jahre da geblieben?» wollen die Nichten wissen. Weiß ich auch nicht genau. Einerseits wirkte sicher noch das Motto «Was man einmal angefangen hat ...», zudem wurde der Job gut bezahlt, und andererseits – was soll man als Lehrerin sonst machen? Nichts kann man richtig, und dann fängt man eben an, ein größeres Auto und ein Ferienhaus in der Provence zu kaufen. Das tat ich zwar beides nicht, legte aber die Kohle zu einem mir noch unklaren Zweck zurück.

Die Jungs versuchten, wenn auch auf eine meist eher

gutmütige Art, mich fertigzumachen; ich war quasi die einzige Frau an dieser Schule, da war die Versuchung groß. Da ich mich nicht mit ihnen schlagen konnte und auch nicht den Direktor als Deus ex machina einschalten wollte, wählte ich das, was ich wirklich konnte: Ich parierte jeden ihrer Sprüche mit einem viel besseren Spruch und verschaffte mir dadurch einen gewissen Respekt. Allerdings kam ich jeden Mittag wie aus dem Wasser gezogen nach Hause.

«War das nicht die Zeit, als Eso aufkam?» wollen die Nichten wissen. Esoterik? Nein, vorher kam noch quasi als Vorbereitung die Psychokiste. Die erste Reaktion darauf, daß es schwieriger wurde, die Verhältnisse zu ändern. Da änderte man praktischerweise das Verhalten. Alles, was ein paar Mark übrig hatte, pilgerte zur Therapie oder Analyse. Meine paar Mark gab ich lieber für einen Bummel durch Boutiquen aus, obwohl ich es schon verlockend fand, irgendwo zu sitzen, wo Ichichich das Hauptthema gewesen wäre. Aber dafür bezahlen? – Zudem interessiert es mich nicht übermäßig zu wissen, wer ich «in Wirklichkeit» bin. So wie es mich auch wenig interessiert, wie andere Leute «in Wirklichkeit» sind. Was sie tun, schien mir immer das Ausschlaggebende zu sein. Aber darum ging es ja jetzt nicht mehr. Danach begann dann folgerichtig die Esoterikwelle, die bis heute schwappt und schwappt. Mal abgesehen davon, daß mir von Walgesängen schlecht wird und ich lieber wissen möchte als glauben, wurde mir nach der Durchsicht entsprechender Literatur schnell klar, daß Vertreter der New Wave und Alt- sowie Neofaschisten ideologisch eng zusammengehören, bis hin zur personellen Identität. Also von oben bis unten ein undemokratisches Gewese und Geraune. Mit handfesten Interessen dahinter, versteht sich. – Herzlichen Dank! «Und wenn Ihr mich eines Tages mal mit Chakren und Auren und was weiß ich rumhantieren seht, dann dürft ihr mir ungestraft eine runterhauen!» – «Au ja!»

So wurstelte ich eher umnachtet als erleuchtet als Lehrerin vor mich hin, bis es in den achtziger Jahren dann vorübergehend die Möglichkeit gab, ohne Statusverlust von der Schule in einen anderen staatlichen Bereich überzuwechseln, in Museen z.B. oder in die Erwachsenenbildung. Ich griff sofort zu, weil ich glaubte, jetzt werde ein riesiger Run einsetzen; die Kollegen hatten ja schließlich nicht umsonst jahrelang in den Fluren rumgejammert, daß sie es nicht mehr aushielten. Ich hatte mich geirrt. 13 Ferienwochen und eine Unterrichtsstundenzahl von 23 Wochenstunden gewannen gegenüber sechs Wochen Urlaub und einer 38-Stundenwoche. Ich war eine der wenigen, die die Schule verließen.

Jetzt unterrichtete ich Analphabeten, deutsche Erwachsene, die nicht oder kaum lesen und schreiben konnten. Zum ersten Mal erfuhr ich, daß genau das, was ich geben konnte, mit Enthusiasmus angenommen wurde. Die Teilnehmer und Teilnehmerinnen standen oft schon lange vor Beginn des Kurses vor der Tür und warteten auf mich. Und trotzdem war es anstrengend, weil ich nicht nur Wissen vermittelte, sondern auch mit den Problemen dieser Menschen konfrontiert wurde und sie in privaten, ja, in allen Angelegenheiten des Lebens beriet, was übrigens meiner Arbeitsplatzbeschreibung entsprach.

Mittlerweile war ich so alt geworden, daß sich die Frage stellte, ob ich jetzt einfach auf die Rente warten oder vorher noch was auf die Beine stellen sollte. Das Geld auf meinen Sparbüchern wartete auf sinnvolle Verschwendung. «Du hattest ja noch Erbnichten», erinnern mich die drei und geben mir ein Küßchen auf die Wange, um zu demonstrieren, daß das alles nur Spaß ist. Klar, ich hätte wie die anderen ein Häuschen bauen und mir jahrzehntelang Margarine aufs Brot schmieren können, um es abzubezahlen, nur damit die Erben es nachher verkaufen und sich mit dem Geld ein schönes Leben machen können. Dann mache ich mir doch lieber selbst ein schönes Leben! Gesagt, getan. Trotz der Rufe meiner besorgten Kolleginnen («Deine Rente wird furchtbar niedrig werden!») reichte ich einen unbezahlten Urlaub von vier Jahren ein und bekam ihn. Wer weiß denn, ob ich nicht mit 65 im Rollstuhl sitze und mit meinen arthritischen Fingern nur noch in Konto-Auszügen blättern kann und sonst gar nichts? Das Leben findet immer heute statt.

Und – was wollte ich in diesen Jahren tun? Die Vorschläge – unerbetene natürlich – reichten von Französisch im Lande lernen, nach Tibet reisen bis zum Aufstellen eines persönlichen Fitness-Programms. Mein Programm lautete: Nichts. Ich wollte nichts tun. Vor allem wollte ich wohl nichts tun müssen, denn daß ich mich nicht langweilen würde, lag für mich auf der Hand. Aber wieso sich den Kopf zerbrechen – es stand ja immer noch etwas aus in meinem Leben, und ich würde diesem Etwas jetzt die Chance geben, mal endlich aufzutauchen. Das tat es denn auch, allerdings nicht ganz ohne mein Zutun und auch nicht so spektakulär, wie ich es früher erträumt hatte.

Bei einem meiner Freunde, übrigens ein relativ angenehmes Exemplar seines Geschlechts, er ist Biker und vermittelte mir neben einem Einblick in die Rocker- auch einen in die Kleinganoven-Szene, außerdem wohnte er in einer Alternativ-Siedlung mit kräftig esoterischem Hauch – bei diesem Freund also blätterte ich häufig in Zeitschriften, die er zu klauen pflegte, und entdeckte dabei auch Kowalski, die ich später als «Titanic für Mopedfahrer» einordnete. Auf den ersten drei oder vier Seiten standen regelmäßig kurze satirische Texte von verschiedenen Autoren (wenig von Autorinnen), die mir gut gefielen. Ob ich das auch kann? Ich konnte. Ich schickte eine kleine Geschichte an die Redaktion, und die wurde abgedruckt. «Und wenn sie die nicht genommen hätten …?» wirft die älteste Nichte ein. Gute Frage. Manchmal neige ich dazu zu behaupten, dann hätte ich es nicht weiter versucht. Dann wiederum fällt mir ein, daß ich zur gleichen Zeit mit einer Redakteurin der taz befreundet war, die einen Sinn für Komik hatte, den man dort nicht unbedingt vermutet, und die hätte mich vielleicht … Tatsächlich, und das ist ja die Hauptsache, wurde ich aufgefordert, «mehr davon» zu liefern. Und als Kowalski bankrott ging, wechselte ich zur Titanic und schrieb auch für andere Zeitungen. Mein erstes Buch erschien, danach weitere drei Bücher. Ich verdiente und verdiene damit «richtiges Geld», wenn auch nicht so viel, daß ich davon leben könnte. Aber immerhin gab ich das Gesparte nicht komplett aus, «so daß ich immer noch eure Erbtante bin. Also benehmt euch!» teile ich den Nichten mit.

Festzuhalten ist, daß das wunderbare Leben, das ich vor mir hatte, jetzt zum größten Teil hinter mir liegt. Nicht alles, was ich hätte tun oder erleben können, habe ich getan oder erlebt, aber die Zeit auf Erden ist begrenzt. Sie reicht nicht aus für Frauen, auch nicht im reichen Mitteleuropa, Liebesbeziehungen, interessanten Beruf, politische und soziale Einmischung, Kinder, Freundinnen und auch noch jede Menge Spaß, Abenteuer und Blödsinn unter einen Hut zu kriegen. Man muß und kann sich immer wieder neu entscheiden, welchen Weg man gehen will, aber man sollte sich im klaren darüber sein, daß man, wie die Entscheidung auch immer ausfällt, für alles bezahlen muß. Das Dumme ist nur, daß sie einem vorher den Preis nicht sagen. Als meine Mutter mit 63 Jahren starb, sagte sie wenige Wochen vorher zu mir: «Ich habe doch noch gar nicht richtig gelebt ...» Sie hatte recht, und das hat meine Trauer um sie erheblich verlängert. Oder genauer gesagt: mein Mitleid. Und auch meine Wut.

Froh bin ich darüber, daß niemand in ähnlicher Weise wird um mich trauern müssen, denn dazu besteht nun wirklich kein Anlaß.

Ob ich noch Träume habe? Aber sicher, noch bin ich ja nicht tot. Ich werde aber nichts darüber erzählen, das geht keinen was an und ist sowieso eine andere Geschichte.

Und übrigens: Danke schön, an wen auch immer, ich bin soweit zufrieden.

Kleines Paradies

Grit Poppe

1

Alles fing damit an, daß sie ihren Wecker zerschlagen hat, wissen Sie? Damit fing es wohl an. Dabei mußte sie gar nicht früher aufstehen, als andere Kinder ... Sie hat einfach einen Stock genommen, den muß sie von draußen mitgebracht haben ... Also, sie hat diesen Stock genommen und auf den Wecker eingeschlagen. Ich weiß nicht, weshalb Jessi solche Dinge macht, glauben Sie mir. Ich habe keine Ahnung.

Am Tag danach war sie das erste Mal weg. Von der Schule nicht nach Hause gekommen. Ihre Schultasche haben sie mir gebracht. Die lag in einem Bus, und der Fahrer hat sie gefunden. Wenn Sie mich fragen: Sie wollte nur ihre Spuren verwischen. Sie wollte, daß wir denken, sie wär entführt oder so. «Die kann nicht weit sein», sag ich zu meinem Mann. «Die ist mit dem Fahrrad weg.»

Zwei Tage später standen die Polizisten vor der Tür. Immer kommen sie zu zweit. Als hätten auch sie Angst, allein mit dem Kind zu sein. Hinter ihren Uniformen: Jessica. Ganz klein. Hat mich nicht angeguckt. Nichts gesagt. Ist in ihr Zimmer gegangen. Hat sich aufs Bett geworfen. Nach vierundzwanzig Stunden hab ich sie mit einem Waschlappen geweckt. Hochgesprungen ist sie, hat mich angeguckt, als wüßte sie nicht, wer ich bin, als würde sie noch auf ihrem Fahrrad sitzen und strampeln. Sie drückte den Waschlappen an ihre Stirn und schaute mich an. Das Wasser lief ihr übers Gesicht, den Hals entlang, aber sie guckte nur komisch. «Na?» fragte ich. «Ich muß jetzt mal was essen», sagte sie.

Sie hat die Bratkartoffeln geradezu in sich heineingeschaufelt. Völlig ausgehungert war die. Und ich frag: «Wo warst du, Mädchen?» Sie kaut langsamer, piekt mit der Gabel ins Spiegelei, so daß das Eigelb zu einer Soße verläuft, zuckt mit den Achseln. Da war sie elf.

Tja, ich weiß auch nicht, weshalb sie solche Sachen macht. Wollen Sie mal ihr Zimmer sehen? Ich versteh sie wirklich nicht. Wenn sie wieder zu Hause ist, freut sie sich, das können sie mir glauben. Sie ist glücklich, schmust mit Morle, unserem Kater, wissen Sie? Ein paar Tage läuft alles normal. Sie geht zur Schule, und am Abend sitzen wir gemütlich vor dem Fernseher. Und dann ist sie wieder weg.

Ja, sehen Sie: die Tigerdecke. Die hat sie sich gewünscht. Und die hat sie bekommen. So weich wie ein Fell und mit Streifen. Sie können Sie ruhig anfassen. Sie ist frisch gewaschen. Alles ist vorbereitet für ihre Rückkehr. Wer weiß, wie lange sie noch im Krankenhaus bleiben muß. Die Ärzte jedenfalls sagen's nicht. Zwei Monate ist sie nun schon dort.

Ja, Anzeige habe ich erstattet. Gleich nachdem die Polizisten mir erzählt haben, was passiert ist. Nein, ich kenne nur die Fakten. Keine Details. Sie redet mit mir nicht darüber. Ich stelle mir gar nichts vor. Ganz und gar nichts. Wenn sie es mir erzählen will, werde ich zuhören. Aber ich frag sie nicht. Nein.

Das hier ist ihr Teddy. Sie nimmt ihn noch mit ins Bett. Wenn sie mal hier schläft. Er heißt Max. Er ist mindestens doppelt so alt wie Jessi. Ich wollte ihn ihr ins Krankenhaus bringen. Aber sie wollte nicht. «Max ist ja nicht krank», meinte sie. Sie hat es schön hier, oder? Fassen Sie die Tigerdecke ruhig an. Sie hat sie sich zum Geburtstag gewünscht, und sie hat sie bekommen. Sehen Sie, die Sonne scheint auf ihren Schreibtisch. Der Kaktus auf dem Fensterbrett blüht. Zugegeben, es ist ein kleines Zimmer, aber es ist ein kleines Paradies.

2

Klar, habe ich sie immer für meine Mutter gehalten. Für wen denn sonst? Gewundert, daß sie so alt ist? Ja, manchmal. Aber nicht wirklich. Andere hatten junge Mütter. Ich hatte eben eine, die alt ist. Daß mein Vater in Wirklichkeit mein Opa war, erfuhr ich erst, als er schon im Sarg lag. «Du bist schuld!» schrie sie. «Du hast ihn umgebracht!» Ich lachte ihr ins Gesicht. «Ich?»

Auf ihren schwarzen Mantel setzten sich Schneeflocken. Der Mantel war neu oder geborgt. Er sah zu klein aus. Sie hat breite Schultern wie ein Kerl, und er sah wirklich zu klein aus. Die Schneeflocken torkelten um sie herum und auf sie drauf – wie Sackläuse, die sich in schwarzes Schamhaar krallen. Nur daß die nicht weiß sind. Ich konnte nicht aufhören zu lachen. «Ich?» Der Schnee auf ihrem Mantel schmolz nicht. Irgend etwas sammelte sich in ihr. Etwas wie Spucke.

«Ich?» Das Wort sprang von meinen Lippen und verschwand im Schnee. Am Abend sagte ich zu dem Freier – es war so ein kleiner Fettsack –, ich war ihm nie zuvor begegnet: – «Mein Vater ist heute gestorben. Und meine Mutter auch ...» Er nickte und trank Bier aus der Büchse. Ich wußte, daß er mir nicht zuhörte. Er hatte schon bekommen, wofür er bezahlt hatte. Ich zog mich an und ging.

Ich lief über die eisverklebten Pfützen, damit ich meine Schritte hörte. Wer war mein Cousin, wenn ich nicht seine Cousine war? Wer war mein Onkel, wenn ich nicht seine Nichte war?

3

Als die Behörde das Kind zu uns brachte, war Jessi zwei Jahre alt. Ihre Haut war grau. Sie sprach nicht und fiel bei jedem Schritt hin. Sie kippte einfach um und ruderte mit Armen und Beinen, als wollte sie schwimmen. Natürlich haben wir ihr beigebracht, Mama und Papa zu sagen. Natürlich haben wir ihr beigebracht, einen Fuß vor den anderen zu setzen. Natürlich haben wir ihr das Töpfchen untergeschoben. Ihr Brei eingeflößt, weil sie sich weigerte zu kauen. Ihre wirkliche Mutter, die Tochter meines Mannes, nannte ich Tante. Ohne Namen. Einfach nur Tante. Wenn sie mal kam, kauerte sie sich auf das Sofa und rauchte. Sie ignorierte den Aschenbecher und alles, was wir ihr sagten. Die Brandlöcher kann ich Ihnen nicht mehr zeigen. Wir haben ein neues Sofa gekauft, wissen Sie? Das Kind sah durch die Tante hindurch. Die Tante sah durch das Kind hindurch. Den Samenspender kennt sicherlich der liebe Gott. Irgendwann kam die Tante dann nicht mehr.

Mein Mann war, glaube ich, froh darüber. Wenn er ihren Namen nannte, den Namen seiner Tochter, räusperte er sich hinterher. Jedesmal räusperte er sich nach diesem Namen, und ich glaube, er war froh, daß er sich schließlich nicht mehr räuspern mußte. Jessi wollte nicht das essen, was ich kochte. Selbst der Brei sickerte aus ihren dünnen Lippen. Sie wollte nicht schlafen, wenn andere Kinder schliefen. Sie wollte nie das, was wir wollten. Sie machte jede Nacht ihr Bett naß, auch als sie schon elf, zwölf war.

Irgendwie stank sie immer, obwohl wir sie jeden Abend unter die Dusche stellten. Doch, ich habe versucht, sie zu mögen. Ich habe ihre Hausaufgaben kontrolliert und ihr hin und wieder Süßigkeiten gekauft, wenn sie welche wollte. Ich habe sogar ein Sparbuch für sie angelegt. Ich habe versucht, so zu tun, als wäre sie unsere Tochter. Aber sie hat es uns nicht leicht gemacht. Zu der Beerdigung meines Mannes kam sie zu spät auf den Friedhof. Sie hat sich nicht mal was Schwarzes angezogen. Dabei hat er sie geliebt. Er starb an Magen-Darm-Krebs, wissen Sie? Jessica kam auf den Friedhof, die Hände in den Hosentaschen. Ich weiß nicht mehr so genau, was ich zu ihr gesagt habe, aber sie grinste mich an. Sie lachte mich aus, an dem Tag, der der schlimmste in meinem Leben war. Da mußte ich es ihr doch sagen, oder? Da mußte ich ihr sagen, wer sie nicht ist.

4

Wissen Sie, was Jessica bedeutet? Es bedeutet «Gott schaut dich an».

Aber Gott hat mich nie angeschaut. Nur der Teufel. Der beobachtet mich Tag und Nacht. Er ist es nicht immer persönlich. Manchmal schickt er seine Monster. Vor dem Unfall hat er seine Monster geschickt. Es hat also keinen Sinn, etwas zu verheimlichen. Oder sich zu wehren. Ich versuche, ihm zu entkommen, immer wieder. Manchmal gelingt es mir für ein paar Augenblicke. Mehr ist nicht drin.

Meine früheste Erinnerung? Da muß ich überlegen. Ich weiß nicht. Na ja, ich erinnere mich, daß ich als kleines Kind mittags nicht schlafen konnte. Hinki stand neben meinem Bett und hielt den Ausklopper in der Hand. Den Ausklopper, ja. Das ist so ein Ding, mit dem manche Leute ihre Teppiche ausklopfen. Andere verdreschen damit ihre

Kinder. Ich hielt die Augen geschlossen, aber sie merkte, was los war. Wahrscheinlich war mein Atem nicht regelmäßig genug, oder sie wartete, bis ich blinzelte. Dann schlug sie zu.

Der Teufel ist groß, hat krauses dauergewelltes Haar, trägt eine häßliche eckige Brille. Der Teufel ist meine Stiefoma. Ich nenne sie Hinki, weil sie ein Bein nachzieht. Das kommt von irgendeiner Krankheit, die sie als Kind hatte. Der Teufel hinkt, ist doch klar.

Das erste Mal getürmt bin ich mit elf. Es war ein herrlicher Tag, die Sonne schien, und ich hatte Lust auf eine Fahrradtour. Die Mappe schmiß ich in einen Bus. Was sollte ich damit. Die Schule hatte nichts mit mir zu tun, diese Bücher und fleckigen Hefte. Der Füller kleckste schon, wenn ich ihn nur ansah. Scheiß drauf.

Ich hatte kein Geld, nichts zu essen, nur die Sachen, die ich am Leib trug, und ich radelte los, ohne zu wissen, wohin. Ich fand mich cool. Es war cool. Es war cooler als alles, was ich bisher angestellt hatte. Ich fuhr einfach geradeaus, immer die Landstraße entlang, immer weiter und weiter. Einmal stieg ich ab, weil da ein Frosch auf der Straße saß. Er saß einfach da, auf der Straße und rührte sich nicht. Als würde er auf das Auto warten, daß Matsch aus ihm machte. Ich nahm ihn auf und trug ihn auf die Wiese.

Na klar, hatte ich Horror, als die Bullen mich zu Hause ablieferten. Aber die Strafe kam nicht, noch nicht. Sie ließ mich schlafen, und irgendwann klatschte sie mir diesen Waschlappen ins Gesicht. Das Ding hat gestunken, wie gebrauchte Lappen eben stinken, und natürlich tropfte er alles naß, aber ich hockte da und dachte, wann schlägt sie zu? Wann?

Nein, sie hat mir Kartoffeln gebraten, mit Zwiebeln und sogar einem Ei. Ich fraß wie ein Tier, manschte mit den Kartoffeln in dem Spiegelei herum, schaufelte das Essen in mich hinein, und natürlich verschluckte ich mich heftig. Sie sagte nichts dazu. Sie fragte, wo ich gewesen sei, und als ich nicht antwortete, drehte sie sich um und begann den Abwasch zu erledigen. Ich war so verblüfft, daß ich noch nicht mal dran dachte, ihr beim Abtrocknen zu helfen. Sie stand also da und klapperte mit dem Geschirr herum, und als ich mitbekam, daß sie die Gläser polierte, spürte ich mein Herz heftig schlagen.

Aber Wunder halten bekanntlich nicht an. Irgendwann kommt der Hammer. Vielleicht wollte Hinki, daß ich an ein Wunder glaubte. Vielleicht wollte sie selbst daran glauben. Ich hatte eine Freundin, eine einzige; die hieß Peggy und war so cool wie ihr Name. Sie schminkte sich schon. Ihre Lippen schimmerten meist lila, als hätte sie zu lang in der Ostsee gebadet. Die Augenbrauen zupfte sie aus, bis fast nichts von ihnen übrigblieb. Sie trug immer ein silbernes Kettchen mit einem riesigen Kreuz daran. Sie war nicht christlich, auch ihre Eltern nicht; sie trug es, um die Lehrer zu ärgern. In der DDR ließen sich die Lehrer noch von einem Kreuz ärgern, also gehörte es zu Peggys Standardausrüstung. Sie brachte auch immer Westtüten mit in die Schule, Tüten von Aldi und so, und die Lehrer brüllten sie regelmäßig an, sie solle den Werbeaufdruck gefälligst nach innen drehen. Sie tat es, mit einem Achselzucken, aber am nächsten Tag kam sie wieder mit einer Tüte zur Schule und trug die knalligbunte andere Welt zur Schau. Der Zirkus begann von vorn, und sie kassierte Verwarnungen, mündliche und schriftliche, und sogar Tadel, aber die Eltern kümmerte das einen Dreck. Und Peggy erst recht. Sie wohnte nur ein paar Häuser weiter, und manchmal besuchte ich sie, und ihre Mutter servierte uns Kaffee, als wären wir erwachsen. Zu Hause gab es für mich Pfefferminztee, der wurde am Morgen gebrüht, und am Abend schlürfte man den letzten Rest, jeden Tag Pfefferminztee und zu Geburtstagen Kakao. Natürlich durfte meine Freundin mich nie besuchen, Hinki duldete keine Fremden, und ich war froh, daß Peggy nicht mitbekam, was sie mit mir machte.

Ein paar Tage nach meinem ersten Ausflug bekam sie es dann mit. Wir hopsten auf dem Gehweg vor dem Haus, in dem ich wohnte, herum. Wir schubsten uns gegenseitig und stellten uns ein Bein und fielen immer wieder hin. Halb mit Absicht, halb wirklich. Hinki lehnte aus dem Fenster und guckte uns die ganze Zeit zu. Ich sah sie erst, als Peggy winkte und «Guten Tag!» brüllte. Ja, da sah ich sie, und natürlich hörte ich mit dem Gehopse und Geschubse sofort auf. Aber es war zu spät.

«Was ist denn mit deiner Strumpfhose, Jessi?» Sie beugte sich ein Stück weiter aus dem Fenster. «Was ist denn mit deiner Strumpfhose passiert?»

Ich blickte auf mein Knie, das nackt war und blutete, und ringsrum war die Strumpfhose, rings um das Loch und grinste mich an, daß mir übel wurde. «Nicht so schlimm», schrie ich, «halb so wild.» Als mache sich die Frau am Fenster nur Sorgen um mein aufgeschlagenes Knie. Als sei sie nur irgendein besorgt gelangweiltes Muttchen. «Na dann komm mal hoch!» schrie sie zurück.

Ich nickte eifrig. «Ja klar.»

«Na dann komm mal hoch, und zieh dir schon mal die Hose runter.»

Ich nickte immer noch wie ein Idiot. Als könnte sie meinen, ich solle mir nur die kaputte Strumpfhose ausziehen. Als könnte Peggy glauben, sie meinte das. «Ja klar, ich komm schon.»

«Sofort.»

«Ja, klar, sofort.» Ich blickte in Peggys Gesicht, ohne in ihre Augen zu schauen. Ich brachte es fertig, mich nur von ihrem Kinn, ihrem Mund, ihrer Nase zu verabschieden.

Aber ich sah, daß ihre Lippen auseinanderstanden. Nicht um zu lächeln, nicht um etwas zu sagen, nur so, als könne sie den Mund nicht schließen.

5

Diese Peggy war ein kleines Luder. Sie turtelte schon mit Jungen herum und zog sich so ordinär an, wissen Sie? Jeans mit Schlitzen, so daß man die Schenkel durchschimmern sah. Schwarze Miniröcke und solche engen Shirts. Ausgerechnet die sollte Jessis Freundin sein? Jessica hatte schon Probleme genug. Probleme mit sich selbst, meine ich. Ich fürchtete, sie würde in die falschen Kreise geraten. So kam es ja dann auch. Jetzt sieht man, wohin das führt. Jessi kann froh sein, daß sie überlebt hat.

Nachdem die Polizisten sie das erste Mal bei uns abgeliefert hatten, ging es stetig bergab mit ihr. Sie brachte schlechte Zensuren nach Hause, trieb sich mit dieser Peggy herum, schwänzte die Schule. Ich versuchte, mit ihr zu reden. Sie stand da, die Hände in den Hosentaschen, kaute auf ihren Lippen, wippte auf den Füßen und schaute mich mit diesem Hundeblick an. So treuherzig, so glasig müde, als wüßte sie gar nicht, wovon ich rede. Wenn ich sie was fragte, antwortete sie. Aber sie hörte mir nicht zu, nicht richtig. Mein Mann brachte sie ein paarmal mit dem Trabi zur Schule, bevor er zur Arbeit fuhr. Sie versprach, sich zu bessern. Sie versprach alles mögliche. Aber es nützte nichts. Sie hat uns nur Sorgen gemacht, wissen Sie? Dauernd machte sie Dinge kaputt, ihre Hosen, Jacken, Schuhe ... eine Vase, ein altes Erbstück ... Sogar die Eieruhr ... Glassplitter lagen auf dem Fußboden und der feine rote Sand. Sie hat sich nicht mal die Mühe gemacht, es wegzufegen. «Das war ich nicht, Mutti», sagte sie. «Das war der Wind. Das Fenster stand offen und ...» Was sollte ich mit ihr machen? Andere Kinder lernen, sind fleißig, räumen ihr Zimmer auf. Aber Jessi ... Ich wußte nicht, was ich mit ihr anfangen sollte. Nur eins war klar: Sie trieb uns in den Wahnsinn. Mein Mann und ich stritten uns immer häufiger. Nicht nur wegen ihr, sondern einfach, weil wir so angespannt waren. Weil das Kind uns im Nakken saß, wissen Sie? Und eines Tages war Jessica wieder weg.

6

Peggy wollte erst nichts mehr von mir wissen. Da nützte es gar nichts, daß ich coole Sprüche klopfte im Unterricht, daß ich dem Russischlehrer eine Handvoll Reißzwecken auf den Stuhl legte, daß ich versuchte, sie mit irgendwelchem Unsinn zum Lachen zu bringen. Sie hielt mich für feige. Nach ein paar Tagen steckte sie der Klassenlehrerin, was mit mir los war. Natürlich hatte ich überall blaue Flecken. Natürlich fragte mich die Lehrerin jetzt danach. Ich hoffte, daß sie nicht zu uns nach Hause kommen würde. Aber Gott schaute mich nicht an. Und sie kam.

Ich weiß nicht, warum Erwachsene so dumm sind. Ich weiß nicht, warum sie nicht wissen, daß mit dem Teufel nicht zu reden ist. Ich weiß nicht, warum sie nicht wissen, daß es nur zischt, wenn sie ins Feuer spucken. Daß sie nichts löschen, gar nichts. Hinki hat sich wirklich Mühe gegeben mit ihr, das muß man ihr lassen. Die Toilettenbrille geputzt, die sonst immer besprenkelt aussieht, Kaffee gekocht, ein paar Butterblumen in eine Vase gestellt. Butterblumen. Ich schwöre es.

Ich wollte mich in mein Zimmer verkrümeln. Aber es ging nicht. Die Lehrerin beachtete den Kaffee nicht, und den hängenden Blumen gönnte sie keinen Blick. Sie zog noch nicht mal ihre hübsche gelbe Jacke aus. Sie stand im Türrahmen, und ich lauerte darauf, daß ich mich an ihr vorbeidrängeln konnte. «Warum schlagen Sie Ihre Tochter, Frau Stahnke?» Hinki sortierte die Tassen und Teller auf dem Tisch. Es roch nach Kaffee und frischgebrühtem Pfefferminztee. Sie rückte die Vase in die Mitte, als sei die Lehrerin gekommen, um die Butterblumen zu sehen.

«Frau Stahnke», sagte die Lehrerin und holte tief Luft. «Warum schlagen Sie Ihre Tochter?» Lieber Gott, Herr im Himmel, mach, daß das nicht wahr ist. Laß diese Frau verschwinden, bitte. Aber ich konnte nicht beten. Nicht richtig. Ich stand da wie ein Laternenpfahl, den ein Hund anpinkelt. Ich konnte nichts machen.

«Ich schlage meine Tochter nicht», antwortete Hinki. Sie überragte die Lehrerin, wie sie mich überragte. Sie erzählte der Lehrerin etwas Wirres über die Tigerdecke, die sie mir mal gekauft hatte. Ich versuchte, mich hinter einem Stuhl zu verschanzen. Es klappte beinahe. Beim Versteckspielen wurde ich immer am längsten gesucht. Falls die anderen nicht vergaßen, nach mir zu suchen. Ich bin so klein, daß man mich leicht vergißt. Wenn ich mich in den Spiegel im Bad sehen wollte, brauchte ich einen Hocker. Hinki erzählte immer noch von der Decke. Daß sie unglaublich weich sei, daß sie Streifen habe und so. Die Tigerdecke hatte sie mir zu meinem Geburtstag gekauft. Sie sah immer noch gut aus; das stimmte schon. Ich duckte mich ein wenig hinter dem Stuhl, aber mein Kopf war noch zu sehen. Ich senkte die Lider, aber ich wußte, daß mein Kopf vor den Frauen schwebte wie ein Luftballon. Wie ein Luftballon, den man zu heftig aufgeblasen hatte. Er konnte platzen, jeden Moment.

«Mutti schlägt mich nicht», sagte ich. «Sie liebt mich. Sie würde das niemals tun.» Ich lächelte Hinki zu, aber die reagierte nicht. Sie schob den Zuckernapf dichter an die warme Kaffeekanne heran. Der Tisch war wirklich hübsch gedeckt. Die Lehrerin reckte den Hals, als wollte sie dem Duft des Kaffees entkommen.

Zum Abendbrot legte Hinki kleine Fleischstücke auf unsere Teller. Ich hielt das für ein gutes Zeichen. Ich lächelte meinen Eltern zu. Ich dachte, ich hätte das Richtige getan. Die Lehrerin hatte mit dem Kopf geschüttelt, aber sie trank eine halbe Tasse Kaffee, bevor sie ging.

Da waren Knorpel in dem Fleisch. Ich kaute ein wenig darauf herum, dann nahm ich die harten Stücke aus dem Mund und legte sie auf den Tellerrand.

«Iß», sagte Hinki.

«Ich esse doch.»

«Alles. Du ißt, was auf dem Teller liegt.»

Ich zog die Zunge ein und schob mir das erste Knorpelstück in den Mund. Ich versuchte, kräftiger zu kauen. Es knackte zwischen meinen Zähnen, aber da blieben kleine Brocken übrig. Ich schluckte. Ich trank kalten Pfefferminztee hinterher und nahm das nächste Stück. Als der Teller leer war, begann ich zu würgen. Der Mann, den ich damals noch Vati nannte, stand auf. Wenn es ihm zu bunt wurde, stand der Alte immer auf. Er zog die Tür leise hinter sich zu, dann erbrach ich auf meinen Teller. Hinki schob mir einen Löffel zu. «Iß.»

In der Nacht pißte ich ins Bett. Ich lag in einer Lache, als ich erwachte. Es war noch dunkel. Ich wußte, was mich am Morgen erwartete. Hinki würde mir die Schlafanzughose über den Kopf ziehen. Sie würde mir diese blauen Gummihöschen heraussuchen, die ich als Baby getragen hatte. Sie würde zusehen, wie ich sie anzog. Sie würde mich damit zur Schule schicken.

Ich begann, einen Rucksack zu packen. Ein paar Sachen, Max, den Teddy, Geld aus der Sparbüchse. In die

Küche traute ich mich nicht. Ich streichelte Kater Morle zum Abschied. Sein Fell war naß, und er roch nach meiner Pisse.

7

Diesmal fand man sie nicht so schnell. Nach einer Woche begannen wir zu fürchten, ihr könnte etwas zugestoßen sein. Mein Mann machte mir Vorwürfe, daß ich Jessi am Abend, bevor sie verschwand, zum Essen gezwungen hatte. «Aber siehst du nicht, wie mager sie ist?» fragte ich ihn. «Das Mädel hat kein Fleisch auf den Rippen. Was soll ich deiner Meinung nach tun, wenn sie nicht essen will?»

Er schwieg störrisch, dann sagte er, er müsse sich hinlegen, es gehe ihm nicht gut. Er bekam diese Magenschmerzen jetzt öfter. Ich versorgte ihn mit einer Wärmflasche und Pfefferminztee. Ich drängte ihn, endlich zum Arzt zu gehen. Aber er meinte: «Laß mal, das geht vorbei.»

Er drehte sich von mir weg zur Wand. Ich betrachtete die kahle Stelle auf seinem Hinterkopf. Die Haut dort war bleich, mit roten Flecken. Ich schaltete das Licht aus, zog die Gardinen zu. Vielleicht waren wir zu alt für Jessi. Mein Mann gehörte zu mir, und ich gehörte zu ihm. Aber sie gehörte nicht zu uns. Wir versuchten, so zu tun, als wäre sie keine Fremde. Aber sie *war* eine Fremde, ein Eindringling, ein Parasit, und sie würde es bleiben. Ich weiß wie das klingt. Nicht sehr hübsch, nicht wahr? Aber die Wahrheit ist nicht hübsch. Die Wahrheit ist so, wie sie ist.

Jessica wurde schließlich bei einem Einbruch ertappt. Sie hauste in einem Ferienlager, das leerstand während der Schulzeit. Als sie zehn war, ist sie mal dort gewesen, drei Wochen im Sommer. Ganz schön clever, dorthin zu radeln. Ein weiter Weg, aber ganz schön clever. Sie hat sich erst von Apfelmus und Marmelade ernährt. Die Gläser fand sie im Keller. Jeden Tag Apfelmus und Marmelade. Aber sonst ging es ihr wohl gut. Ein Dach über dem Kopf, Doppelstockbetten, allerdings keine Laken und Bezüge. Man hat mir erzählt, sie hat sich jede Menge Plüschtiere ins Bett geholt. Dann fing sie an, in die Bungalows einzusteigen. Sie hat eine Axt gefunden, und damit ist sie los. Jessica und eine Axt. Können Sie sich das vorstellen? So ein schmächtiges Kind. Gerade mal anderthalb Meter groß. Sie hat die Türen einfach aufgehackt. Sie hat sich einen Fernseher geholt, was zu essen, was zu trinken. Beim dritten Einbruch hat man sie erwischt. Wissen Sie, bei Jessi wundert mich gar nichts mehr. Sie nimmt alles so selbstverständlich. Daß ich die Scherben auffege, wenn sie etwas kaputtmacht, daß ich ihre Strumpfhosen stopfe und ihre Tigerdecke wasche, die sie dauernd bekleckert, daß mein Mann ihr Taschengeld gibt, daß wir mit ihr in den Urlaub fahren. Jedes Jahr fahren wir mit ihr in den Urlaub. An die Ostsee, in den Thüringer Wald ... Es war immer selbstverständlich, daß sie mitkommt. Auch für uns. Und dann das.

Sie kam in ein Heim für schwererziehbare Kinder. Das war 89, kurz vor der Wende. Natürlich haben wir ihr geschrieben und Päckchen geschickt zum Geburtstag und zu Weihnachten. Von ihr trafen hin und wieder Postkarten ein. «Danke für eure Post. Danke für euer Päckchen. Herzlichen Glückwunsch zum Geburtstag. Frohe Weihnachten.» Mehr nicht. Nein, wir fuhren nicht zu ihr. Der Abstand tat uns gut, das sage ich ganz offen. Ich dachte an meinen Mann, an seine Magenschmerzen und hoffte, daß diese Ruhe ihm helfen würde, sich zu erholen. Es ging ihm ja auch eine Zeitlang besser.

Zur Wiedervereinigung war Jessi wieder da. Sie hatte sich verändert. Sie trug ihr Haar jetzt kurz wie ein Junge. Sie rauchte heimlich auf der Toilette. Ab und an fehlte ein

Bier im Kühlschrank. Sie war noch hagerer geworden. Ihr waren kleine Brüste gewachsen, aber sonst hatte sie nichts auf den Rippen. Mit Kater Morle sprach und schmuste sie wie früher, aber zu uns sagte sie kaum ein Wort. Nach der Schule trieb sie sich wieder mit dieser Peggy herum. Ich machte mir Sorgen. Manchmal wirkte sie auf mich wie ein Kind, das Erwachsene spielt, und manchmal wie eine kleine Erwachsene, die Kind spielt. Ich nahm sogar Kontakt zu Peggys Mutter auf. Aber die sagte, da sei nichts, nichts mit Jungs. Aber wahrscheinlich wußte die genausowenig über Peggy Bescheid wie ich über Jessica. Eines Tages kam Jessi nach Hause, pfiff fröhlich und tanzte albern herum. «Was ist denn los?» fragte ich. «He, Jessi, was ist mit dir?» Sie guckte mich so komisch an und wurde rot. Da schlugen bei mir die Alarmglocken. «Was ist denn? Sag mir jetzt, was los ist.»

«Mir geht's gut, Mutti», sagte sie. «Stört es dich, daß es mir mal gutgeht?»

Ich dachte, ich höre nicht richtig. Aber ich blieb ganz ruhig. «Ich freue mich, daß es dir gutgeht. Ich möchte nur wissen, was *los* ist.»

«Na schön», sagte sie. «Wenn du's so unbedingt wissen willst: Peggy und ich haben zwei süße Jungs getroffen. Das ist los. Erst hat Peggy die beiden geküßt, dann ich. Und zwar richtig. Auf den Mund. Möchtest du sonst noch was wissen?» Ich schüttelte den Kopf. Ich dachte nur: So, jetzt fängt es also an.

8

Was soll ich über das Heim erzählen? Sie haben uns gehalten wie bissige Hunde. Wir durften manchmal raus, aber nur in Gruppen. Es gibt nichts zu erzählen. Manches der

Kinder habe ich später wiedergetroffen. Am Bahnhof Zoo. Wir haben uns gefreut wie die Schneekönige. «Du? Hier?» Ja, wo denn sonst.

Hinki war nicht gerade glücklich, als ich nach Hause zurückkam. Ich auch nicht. Ich dachte: Was sollst du hier? Du störst ja doch nur. Ja, ich fing an zu rauchen und hin und wieder ein Bier zu kippen. Nicht daß mir Bier schmeckte. Eigentlich schluckte ich es wie Medizin. Es war cool, die Dose an die Lippen zu setzen, der erste Schluck war cool, und hinterher fühlte ich mich angenehm benebelt. Hinki hat mich ein paarmal verprügelt. Dann ließ sie mich in Ruhe. Sie kaufte einfach ein Bier mehr für jeden Tag. Irgendwie war auch sie cooler geworden.

Aber dann kam diese Geschichte mit den Küssen. Es war ganz harmlos. Ich schwöre es. Sie können Peggy fragen. Es war lächerlich harmlos. Aber *sie* machte ein Drama draus. Erst tobte sie herum und schrie, dann schlug sie zu. Als der Alte kam, hörte sie auf. Aber sie gab keine Ruhe. Sie verordnete Stubenarrest und Fernsehverbot. Sie schloß mich in meinem Zimmer ein. Ich hockte da und dachte, daß es hier auch nicht anders war als im Heim. Nur daß es da Kinder gab, denen es auch so beschissen ging. Ich machte die Hausaufgaben, blätterte ein paar alte Comic-Hefte durch, rauchte. Die Asche fiel auf den Teppich; es war mir egal. Ich drückte die Zigarette auf der Tigerdecke aus. Am nächsten Tag ging ich wieder auf Trebe. Was blieb mir anderes übrig? Diesmal nahm ich nicht das Rad. Mein Alter brachte mich noch zur Schule, und ich mußte warten, bis große Pause war. Ich spazierte zum Bahnhof und fuhr mit dem Zug. Dann mit der S-Bahn. Direkt in den Westen. Direkt zum Bahnhof Zoo. Ein paar Kinder im Heim hatten davon erzählt. Was? Daß es da geil sein sollte. Eine genaue Vorstellung? Nö. Ich hatte gar keine Vorstellung. Ich war dumm, blöd, naiv. Suchen Sie sich ein Wort aus. Es ist mir egal, welches. In Berlin kannte ich nur den Alexanderplatz und den Fernsehturm. Aber ich wollte nicht in den Osten. Ich wollte in die Plastiktütenwelt.

Ich sah zum ersten Mal eine Dönerbude. Ich stand davor und gaffte. Ich glotzte die Leute an, die diese riesigen Freßpakete in sich hineinschlangen. Ich atmete diesen Duft ein. Ich sah ein paar Läden, vollgestopft mit Dingen, deren Namen ich noch nicht einmal kannte. Ich sah die Klamotten in den Schaufenstern: Jeans, echte Levis und so. Ich rannte die Straßen entlang, drehte Runden auf dem Breiti, auf dem Breitscheidplatz, trieb mich am Bahnhof herum. Ich fragte die Kids, wie man hier Kohle verdienen konnte. Ich dachte an einen kleinen Job. Zeitung austragen oder irgend etwas in der Art. Also doch blöd, dämlich. Schlimmer als naiv.

Die Kids lachten über mich. Es war mir egal. In meinem Kopf schwirrte es, nicht nur vor Hunger. Dann geriet ich an diesen Junkie. Ich hatte keine Ahnung, was ein Junkie ist. Woher auch? Der Junge sah übel aus, picklig, irgendwie krank und fuchtelte mit seinen langen Händen vor meinem Gesicht herum. Aber ich achtete nicht darauf. Ich achtete nicht auf diese Augen, die schwarz und ausdruckslos waren, stumpf, ohne jedes Licht. Ich achtete nur auf mein Herz, das plötzlich so schnell schlug. Er sprach von Geld. Er quasselte auf mich ein, aber ich hörte nur dieses eine Wort: Geld. Ich dachte, der Typ weiß, wie es hier langgeht. Er sagte, er wisse, wie man schnell zu *Geld* kommt, er wisse, wie und wo man zu *Geld* kommt. «Ja?» sagte ich. «Ja?» Ich dachte, der kennt das Gesetz, das hier gilt. Und er kannte es.

Er spendierte mir einen Döner und eine Cola. Es war der erste Döner, den ich aß. Die erste Coca Cola, die ich trank.

Das Geld nahm er mir nach jedem Freier ab.

9

Wir hatten keine Ahnung, wo sie sich herumtrieb. Sie blieb Wochen, Monate verschwunden. Dann kam ein Anruf der Polizei aus Berlin. Sie baten uns, daß wir unsere Tochter abholen sollten. Sie war beim Klauen erwischt worden. Mein Mann nahm den Anruf entgegen. Er sagte mir, daß man Jessi aufgegriffen habe. Er sagte aufgegriffen, nicht gefunden. Also lebte sie noch. Er ließ sich in den Sessel fallen, und ich sah, daß er weiß war wie Kreide. Er versuchte, sich eine Zigarette anzuzünden, aber seine Hand zitterte zu sehr. Ich mußte ihm Feuer geben, aber die Zigarette rutschte ihm aus den Fingern. Dann stieg er in unseren Trabi und fuhr los. Natürlich hatte ich ihm angeboten, mit ihm zu kommen, aber er lehnte ab. Er sagte, schließlich sei er mit ihr verwandt und nicht ich. Das tat weh. Das hatte er noch nie gesagt. Jessi war unsere Tochter, trotz allem.

Mein Mann war eigentlich ein ruhiger Typ, wissen Sie? Er redete nicht gern, am liebsten buddelte er in unserem Garten herum. Er legte Beete an, hübsch eins neben dem anderen: Tomaten, Mohrrüben, Erdbeeren … Nur keine Blumen. Blumen hielt er für überflüssig. Wahrscheinlich weil man sie nicht in die Pfanne oder in den Kochtopf werfen konnte. In der Firma stand er am Fließband. Er brauchte den Garten. Er brauchte Erde an seinen Händen. Manchmal, als sie noch kleiner war, half Jessi ihm, rupfte Unkraut, pflanzte Erbsen und solche Sachen, und sie beobachteten dann, was passierte.

Als mein Mann mit Jessi vor der Tür stand, dachte ich, ich müßte sie an mich ziehen, sie drücken und ihr sagen, daß wir froh waren, sie wieder bei uns zu haben. Aber ich konnte es nicht. Sie ließ die Arme hängen, gab mir nicht einmal die Hand. Ich sagte nur: «Hallo Jessi.»

Und sie sagte: «Hallo Mutti.»

Jessica sah blaß und krank aus. Durch die Blässe wirkte sie noch schmächtiger als früher. Sie sah wie ein Gespenst aus. Und vielleicht war sie ja eins. Vielleicht war sie gar nicht richtig hier. Vielleicht lebte sie noch in der Welt, aus der sie jetzt kam. Mein Mann brachte sie in ihr Zimmer, als wüßte sie nicht mehr, wo es ist. Eine Zeitlang lief beinahe alles normal: Jessi besuchte wieder die Schule. Sie mußte wegen der Fehlzeit die Klasse wiederholen. Aber sie beschwerte sich nicht. Ich ging mit Jessi zur Jugendhilfe und zum Arzt. Man empfahl uns, Jessi in eine Psychiatrische Klinik einweisen zu lassen.

10

Ich kann nicht genau sagen, warum ich in Berlin geblieben bin. Ich wußte nur, daß ich nicht nach Hause wollte. Da gab es Kids wie mich. Alle weg von Mama und Papa. Wir hatten alle das gleiche Problem: Wo schlafe ich heute nacht. Wo bekomme ich was zu essen. Nach ein paar Wochen kam es mir so vor, als lebte ich schon tausend Jahre dort.

Ich übernachtete auf U-Bahnhöfen, in der S-Bahn, in leerstehenden Häusern, bei dem ein oder anderen Kumpel. Wenn ich früh genug aufwachte, ging ich zur Bahnhofsmission. Da gab's dann Schmalzstullen und Tee zum Frühstück. Wenn ich verschlief, ging ich schnorren, bettelte das Geld für Brötchen zusammen oder klaute ein paar Marsriegel irgendwo. An so einem Marsriegel lutschte ich wie ein Baby. Ich stand in einem Hauseingang, saugte die Schokolade in mich hinein und beobachtete die Regentropfen, die in die Pfützen klatschten. Wenn es mit der Bettelei und der Klauerei nicht klappte, stellte ich mich in die Schlange vor der Wärmestube am Schlesischen Tor. Da stand man dann zwei Stunden an für einen Teller Nudeln mit Möhren. Irgendwie gab es immer Nudeln mit Möhren, wenn ich dort war. Die Nudeln schmeckten genauso wie die Möhren. Na klar, es gab Tage, da lungerte ich an irgendeinem S-Bahnhof herum und schaffte es nicht, die Hand auszustrecken, schaffte es nicht, die Leute anzuquatschen. Oder Tage, an denen jeder vorbeihastete, ohne einen Pfennig zu opfern. Ich weiß, was Hunger ist. Es passierte schon mal, daß ich vierundzwanzig Stunden nichts zwischen die Zähne bekam. Es gibt Kinder, die hungern in Deutschland, nicht nur nach Essen. Aber wozu sollten sich die Leute die Mühe machen, sich umzudrehen, um zu schauen, wer da in einer schmutzigen verpißten Ecke hockt. Es ist doch viel bequemer, in die Ferne zu blicken und zu Weihnachten einen Scheck auszufüllen für die Hungernden in Irgendwo.

Hin und wieder, wenn es sich ergab, ging ich mit einem Mann mit. Seit der Nacht, in der der Junkie mich auf dem Babystrich verschachert hatte, wußte ich, was die Kerle wollten. Und wenn ich nicht zu müde war und dabei einschlief, gab ich es ihnen einfach. Ich wußte, daß sie mich nur benutzten wie Klopapier, mit dem sie sich den Arsch abwischten. Man mußte nur ja sagen und sich benutzen lassen, sich an die Spielregeln halten. Schließlich bezahlten sie ja dafür. Einmal hat mir ein Mann dreihundert Mark gegeben, damit ich ihm ins Gesicht pisse. Er schleppte mich in die Kneipe, und ich hoffte, er würde mir Pommes spendieren oder 'ne Bratwurst. Aber er ließ mich nur Cola trinken, und als ich aufs Klo mußte, kam er mit. Ich mußte ziemlich dringend, aber ich hab ihn so lange betteln lassen, bis er mir die drei blauen Scheine in die Hand drückte.

Na klar fühlt man sich wie Dreck. Bis oben angefüllt mit Dreck. Das Schlimmste ist nicht, daß sie dich wie

Dreck behandeln. Das Schlimmste ist: sich zu verwandeln in Dreck.

In der Nacht mit dem Junkie machte ich beim sechsten Freier schlapp. Ich konnte nicht mehr. Ich kotzte das Auto von dem Typen voll und heulte, jammerte, schrie. Der Kerl guckte nur blöd. Er fuhr mit mir zu seiner Wohnung. Trug mich die Treppen hoch. Warf mich aufs Bett. «Schlaf dich erst mal aus», sagte er.

Am nächsten Morgen kochte er Kaffee und strich für mich Butter und Marmelade auf ein Brötchen. Er gab mir ein Kissen, als er merkte, daß ich auf dem harten Küchenstuhl nicht richtig sitzen konnte. Als ich aufstand, sah ich, daß ich das Kissen beschmutzt hatte. Mit Blut. Er merkte, was los war, fluchte ein bißchen und schickte mich duschen. Als ich mich abtrocknete, brüllte er, daß ich mich beeilen solle. «Ich muß gleich zur Arbeit», schrie er. Meine Klamotten waren mit Blut und Sperma beschmiert, und es ekelte mich davor, sie anzuziehen. Aber der Mann hämmerte gegen die Tür, und als ich endlich fertig war, schob er mich aus seiner Wohnung. Der Schmerz zwischen den Beinen trieb mir die Tränen in die Augen. «Na na na», sagte er und steckte mir ein paar Zehnmarkscheine in die Jackentasche. «Wenn du mal 'nen Platz zum Schlafen brauchst ...» Ich nickte, versuchte zu lächeln.

Ich dachte: Der ist anders als die anderen. Er war es auch. Nur nicht so, wie ich dachte. Ja, nach dieser Nacht überlegte ich, ob ich nach Hause fahren sollte. Vielleicht weil mir nun klar war, daß man hier draufgehen konnte. Nach Hause fahren, zur Schule gehen, mit Peggy Unsinn anstellen, ein normales Leben führen. Aber mir fiel der Teppichausklopfer ein, den Hinki benutzte. Für mich gab es kein normales Leben, egal wie ich mich entschied. Ich konnte nur wählen zwischen der Möglichkeit, von Fremden gequält zu werden oder von denen, die mich erzogen.

Und dann dachte ich, daß ich eben aufpassen mußte. Daß ich niemandem vertrauen durfte. Daß ich lernen mußte, hier zu überleben. Wenn mir das gelang, würde mir auch anderes gelingen.

An diesem Tag war ich ganz klar im Kopf. Ich hielt mich an die naheliegenden Dinge, erst mal brauchte ich neue Sachen. Ich spazierte in ein Kaufhaus und klaute eine Schere. Dann ging ich in die nächste Abteilung, suchte eine Tasche aus und schnitt das Sicherungsband ab. In die Tasche habe ich dann die Klamotten gepackt, die ich brauchte. Es war ganz leicht. Als ich wieder draußen war, hatte ich die Schmerzen und die verzerrten Fratzen der Kerle der letzten Nacht fast vergessen. In den nächsten Tagen stellte ich Regeln auf, an die ich mich halten wollte. Regel Nummer Eins: vertraue niemandem. Regel Nummer Zwei: keine Skrupel. Regel Nummer Drei: die Welt scheißt auf mich, also scheiß ich auf die Welt. Wenn man diese Regeln beherrschte, wenn man cool genug war, konnte das Leben sogar Spaß machen.

Einmal verfolgte mich ein Ladendetektiv bis auf die Straße. Er rannte ein Stück hinter mir her und packte mich an der Schulter. Ich hatte nur drei Marsriegel geklaut und wunderte mich über diesen harten Griff. Er begann, mich mit sich zu ziehen, und ich ging rasch meine Regeln durch. Dann schrie ich: «Au au au! Hilfe! Der will mir was tun!»

Da war eine Omi mit Krückstock, und die stürzte auf den Mann zu und schrie: «Laß sie los! Laß das Mädchen los, du Perversling!» Und dann schrien auch noch andere Leute. Und der Typ glotzte ganz erschrocken und nahm seine Pfoten hoch, als hätte die Omi 'ne Pistole oder was. Ich trat ihm noch in die Eier, bevor ich türmte. Die Marsriegel waren die leckersten meines Lebens. Ich schwöre es.

Am Bahnhof Zoo erzählten mir die Kids, daß die Bullen nach mir gefragt hätten. Zwischen meinen Zähnen klebte noch der Rest des letzten Marsriegels, und es kümmerte mich wenig, daß man nach mir fahndete. «Was habt ihr gesagt?» wollte ich wissen, obwohl ich es wußte. «Was habt ihr denen gesagt?»

«Die kennen wir nicht. Nie gesehen!» brüllten sie im Chor.

Ich nickte und sagte: «Bullen. Außen grün und innen hohl.»

Wir lachten, rauchten unsere Joints, und ich dachte, daß dies der Ort wäre, an den ich gehörte.

11

Jessica war gerade ein paar Wochen in der Psychiatrie, da begann mein Mann immer häufiger über Magenschmerzen zu klagen. Er war sonst kein Mensch, der anderen die Ohren volljammert, wissen Sie? Also drängte ich ihn wieder und wieder, zum Arzt zu gehen. Aber er wollte nichts davon hören. Er sagte, wenn er jetzt krank mache, würde er seine Arbeit ganz schnell verlieren. Was sollte ich dazu sagen? Ich hatte selber Angst, entlassen zu werden. Deshalb machte ich auf der Volkshochschule einen Computerkurs. In dem Büro, in dem ich arbeitete, erwartete man jetzt Dinge, die ich nie gelernt hatte. Nach und nach wurden die Schreibmaschinen durch Computer ersetzt. Einige der älteren Kolleginnen wurden in den Vorruhestand versetzt, andere entlassen.

Eingestellt wurde erst mal niemand. Überstunden waren die Regel, und danach hetzte ich zur Volkshochschule. Und eines Abends war die Wohnung einfach leer. Die Nachbarin kam herüber und erklärte, daß man meinen Mann ins Krankenhaus gebracht habe.

Er lebte nur noch ein paar Tage. Dann kam ein Anruf.

Ausgerechnet seine Tochter war am Apparat. Ausgerechnet die. «Es ist was passiert», sagte sie. «Es ist was Schlimmes passiert.» Und dann räusperte sie sich, wie er sich immer geräuspert hatte, wenn er ihren Namen aussprechen mußte.

«Mit Jessi?» fragte ich. Einen Moment hoffte ich, sie meinte das Kind, ihr Kind.

«Mit Papa», sagte sie.

Ich legte auf.

Für den Tag der Beerdigung wurde Jessi aus der Klinik entlassen. Natürlich nutzte sie ihre Chance.

12

Nein, ich wollte nicht zurück in die Klapsmühle. Mein Vater war gestorben. Aber er war nicht mein Vater. Und meine Mutter beschuldigte mich, ihn ermordet zu haben. Aber sie war nicht meine Mutter. Ich dachte, wenn du jetzt in die Klapsmühle gehst, wirst du wirklich verrückt.

Ich ließ den Friedhof Friedhof sein und fuhr nach Berlin. Erst gondelte ich mit der S-Bahn umher, blickte durch die zerkratzten Scheiben und dachte an den Alten. Das letzte Mal hatte ich ihn gesehen, als er mich in die Klapsmühle brachte. Während der Fahrt sprach er kaum ein Wort. Ich quasselte nervös vor mich hin, aber er sagte nur «Ja» oder «Nein» oder holte tief Luft, als wollte er gleich etwas Bedeutsames sagen, aber dann schwieg er, und die Luft schlüpfte wieder aus ihm heraus. Schließlich stiegen wir aus, und er nahm meinen Koffer, setzte ihn wieder ab und umarmte mich. «Vielleicht bringt es ja was», murmelte er. «Vielleicht können die dir helfen.» Er drückte mich beinahe heftig an sich. Nach einer Weile machte ich mich los. Ich hatte ihn noch nie weinen sehen; ich konnte mir nicht einmal vorstellen, daß er weinen konnte, aber sein Körper war so merkwürdig gespannt, daß ich nur weg wollte von ihm.

Ich habe nicht daran gedacht, daß er sterben könnte. Bin ich schuld? Ich bin doch nicht schuld, oder?

«Die haben mir nicht geholfen», flüsterte ich dem S-Bahn-Fenster zu. «Die haben nur ihr Spiel mit mir getrieben.»

Der Therapeut war ein komischer Kauz. Er hielt die Arme auf, und ich sollte da hineinrennen. Später wollte er, daß ich mich mit geschlossenen Augen fallen lasse. Er versprach, mich aufzufangen. Irgendwie kam er mir vor wie ein Freier mit Sonderwünschen. Aber ich erfüllte ihm seine Wünsche nicht. Er zahlte ja nicht dafür. Und vor allem wollte ich nicht gegen die Regeln verstoßen. Denn wogegen er kämpfte, das begriff ich schnell, waren die Regeln, die mir halfen zu überleben.

Die Männer in der Gruppe waren Ex-Knackis, Langzeitalkoholiker und Pädophile. Ich dachte, wenn der Therapeut deine Regeln knackt, werden die es zuerst merken. Ja, ich hatte Angst vor diesen Kerlen. Wenn ich zu meinem Zimmer ging, mußte ich an ihren Zimmern vorbei. Ich hatte tierische Angst.

Am Bahnhof Zoo fühlte ich mich beinahe wohl. Viel verändert hatte sich nicht. Der Gestank war geblieben. Der Dreck. Der Lärm. Die Penner. Die Bullen. In der Clique gab es ein paar neue Gesichter, andere fehlten dafür. Die, die fehlten, waren zu Hause, im Heim, im Knast oder sonstwo. In ein paar Tagen oder Wochen oder Monaten oder Jahren würden sie wieder hier sein.

Ich fand einen Kumpel, der eine Waschmaschine besaß, und so mußte ich nicht mehr soviel Klamotten klauen. Ich versuchte auch, auf Marsriegel zu verzichten. Zum Glück hatte ich die Probleme mit den Drogen nicht. Ich sniefte und rauchte Joints, aber ich brauchte nichts regelmäßig, und ich dachte nicht daran, harte Drogen zu nehmen. Aber als ich aufhörte, Marsriegel zu klauen, schlauchte ich mehr Zigaretten und machte mich hin und wieder unbeliebt. Also fing ich wieder an, Marsriegel zu klauen. Aber ich hatte jetzt mehr Horror vor dem Erwischtwerden. Ich wollte nicht wieder in die Arme des Therapeuten springen müssen. Das Betteln brachte jedoch nicht viel ein. Also blieben nur die Freier, um wenigstens gelegentlich an Kohle zu kommen. Seit der Nacht mit dem Junkie hatte ich den Babystrich gemieden wie die Pest. Aber ich machte Schulden bei dem Kumpel mit der Waschmaschine. Ich hatte einen Pfennig in der Hosentasche übersehen, und der Scheiß-Pfennig machte seine Scheiß-Waschmaschine kaputt. Er wollte, daß ich die Reparaturkosten übernahm.

Der Mann saß in dem dritten Wagen, der an diesem Abend hielt. Ich wußte gleich, daß er es war. Ich konnte mich an den Wagen gut erinnern, und an das Marmeladenbrötchen und die Dusche und daran, daß er mir sein Bett überlassen hatte.

«Hallo, Jessi», sagte er. Ich freute mich, daß er meinen Namen noch wußte. Er nahm mich mit zu sich nach Hause, und als ich dachte, er sei fertig mit mir, erzählte ich ihm von meinem Alten. Ich weiß nicht, warum ich ihm vertraute, warum ich gegen die Regel Nummer Eins verstieß. Vielleicht wollte ich einfach, daß mir einer zuhörte. Ein Erwachsener. Einer, der über den Dingen stand. Aber er stand nicht über den Dingen; er steckte mittendrin, und er war noch lange nicht fertig mit mir. Aber als ich das begriff, war es zu spät. «Ich bin doch nicht schuld, oder? Ich bin doch nicht schuld an *Krebs*?» «Jetzt schlaf dich erst mal aus», sagte er.

Am Morgen bemerkte ich, daß im Bad kein Licht war. Es gab ein Fenster, aber keinen Lichtschalter. Da wo der Lichtschalter sein sollte, klebte solch braunes Klebeband, wie man es für Pakete nimmt. Und an der Decke hing nicht einmal eine Glühbirne. Da klebte nur ein braunes Kreuz. Er hatte in der Küche den Tisch gedeckt. Brötchen, Butter, Marmelade, Kaffee. Er hatte ein paar Kerzen angezündet. Auch hier gab es keine Lampe. Keine Lampe, keinen Kühlschrank, keine Waschmaschine. Braune Klebebandkreuze. Einen Gasherd.

Er lachte über den Ausdruck in meinem Gesicht. «Ich bin allergisch», sagte er.

«Allergisch?»

«Allergisch gegen Strom.» Er lachte, und ich lachte auch.

«Allergisch *gegen Strom*?»

«Ja.» Er lachte. «Gegen Strom. Gegen die Strahlen.»

Er schmierte mir ein Brötchen und schob es mir zu. Er hatte kein Messer neben meinen Teller gelegt. Der Kaffee war türkisch gebrüht und schmeckte bitter. «Milch habe ich nicht», sagte er.

«Keine Milch?»

«Nein.»

Er schien mir nicht verrückt, nur merkwürdig, aber nicht verrückt. Er trug schon seine Arbeitssachen, einen blauen Handwerkeranzug.

«Muß ich mich beeilen?» fragte ich.

Er schüttelte den Kopf.

«Mußt du nicht zur Arbeit?»

«Doch», sagte er. «Aber du mußt dich nicht beeilen.» Er lächelte und strubbelte mir in den Haaren herum. «Du wirst hier bleiben.»

«Danke. Aber das geht nicht», sagte ich schnell.

«Natürlich geht das», sagte er. «Hinter dieser Tür gibt

es niemanden, der dich gebrauchen kann. Aber *ich* kann dich gebrauchen.»

Ich leckte mir die Marmelade von den Fingern. Ich glaubte immer noch, er wollte nur nett sein.

«Du hast hier ein Dach über deinem Kopf. Du bekommst zu essen, zu trinken ... Du darfst in meinem Bettchen schlafen, Schneewittchen.»

«Ich komme gern wieder», sagte ich.

«Du wirst nicht fortgehen», sagte er.

«Das wird teuer», sagte ich.

«Du wirst kein Geld brauchen», sagte er. «Ich sorge für dich. Dein Vater ist tot, also werde ich dein Vater sein, dein Vater, dein Bruder, dein Liebhaber ... was du willst.» Ich stand auf und sprang zur Tür, aber er war schneller.

«He, Schneewittchen», sagte er, den Fuß vor der Tür, «he, Schneewittchen, du wirst doch wohl nicht vor dem Prinzen davonlaufen?»

Ich hielt mich an der Türklinke fest. Sie klebte in meiner Marmeladenhand. «Ich komme wieder», sagte ich. «Lassen Sie mich gehen, ich komme wieder. Heute abend ... Ich verspreche es.»

Er blickte auf mich herunter. Er war etwa einen halben Meter größer als ich. Er lachte. Nahm mich auf wie eine Puppe und warf mich aufs Bett. «Bis später, Schneewittchen, und vergiß den Abwasch nicht.»

Ich hörte den Schlüssel, der sich im Schloß drehte, als würde er sich in meinen Ohren drehen. Ich hörte seine Schritte auf der Treppe. Ich hörte eine Wagentür zuklappen. Ich hörte sein Lachen, als er davonfuhr. Ich hörte, wie es still wurde.

Die Kerzen brannten noch. Ich pustete sie aus. Sog den Duft ein. Zündete die Kerzen an. Blies sie aus. Sog den Duft ein. Aber mein Herz hörte nicht auf, so wild zu klopfen. Klar würde mich niemand vermissen. Wer sollte *mich* schon vermissen? Ich stellte mir Hinki an meinem Grab vor. Sie würde die Brille abnehmen, um die Tränen abzuwischen. Die Freudentränen. Ich dachte an den Alten. Vielleicht empfing er mich ja im Jenseits. Vielleicht umarmte er mich auf seine ungelenke Art. Vielleicht gab es ja *dort* einen Garten. Ich legte mich auf das Bett und stellte mir vor, ich sei tot. Aber auf dem Tisch lagen Zigaretten. Also stand ich auf und rauchte. Ich rauchte, bis ich den Qualm für meinen Atem hielt.

Ich lief durch das graue Licht der Zimmer. Ich suchte nach einem Telefon. Nach einem Schlüssel. Nach einem Radio. Ich fand etwas Geld, etwas Schmuck. Ich spielte mit der Kohle, den Ketten und Ringen, wie ein Kleinkind, das Einkaufsladen spielt. Dann warf ich alles in die Kommode. Aber in welche Schublade gehörte das Geld? Aber in welche Schublade gehörte der Schmuck? Ich nahm die Kohle und stopfte sie in meine Jackentaschen. Ich nahm zwei Ketten, eine silberne, eine goldene, und den Ring, der am wertvollsten aussah. Den glitzernden Stein hielt ich für einen Brillanten. Ich stopfte den Schmuck in meine Schuhe. Ich würde eben die Zehen einziehen, wenn ich sie anzog. Ich dachte, wenn ich den Mann ein bißchen aufgeilte … Ich dachte, er würde mich gehen lassen *danach*. Es gab keinen Fernseher, keine Zeitung, kein Buch. Ich rannte in der Wohnung umher, von dem ersten Zimmer ins zweite, von dort in die Küche und dann ins Bad, starrte aus dem Fenster und versuchte zu schätzen, wieviel Meter meinen Körper trennte vom Beton.

Der Tag wurde nicht heller. Die grauen Wolken waren es wohl, die mich so müde machten. Der Bettbezug trug seinen Geruch, aber es war mir egal. Ich träumte von Monstern. Ich träumte von einem Monster vor der Tür. Von einem Monster, das zum Fenster hereinstarrte. Von einem Monster, das auf meinem Bett saß, das meine Hand hielt.

Als ich erwachte, saß der Mann auf der Bettkante und hielt meine Hand.

«Hallo Schneewittchen», sagte er.

Ich lächelte und versuchte, mich an meinen Plan zu erinnern.

«Hallo Schneewittchen, immer noch müde?» Er schüttelte den Kopf. «Warum hast du nicht abgewaschen? Das ist nicht nett. Gar nicht nett.»

Ich lächelte und wunderte mich, daß ich noch angezogen war. Ich wollte doch nackt sein, wenn er kam. Ich wollte doch ...

«Und es ist auch nicht nett, Schneewittchen, daß du Dinge nimmst, die nicht dir gehören.» Er nahm meine Schuhe auf und klopfte die Absätze gegeneinander. Die Ketten klimperten leise, und ich sah den Stein aufblitzen, den ich für einen Brillanten hielt.

«Da werden wir wohl die Polizei rufen müssen?»

«Nein.»

«Nein?»

«Keine Bullen. *Bitte.*»

«Aber du bist eine Diebin, Schneewittchen.»

«*Bitte ...*»

«Weißt du, ich habe mich den ganzen Tag auf dich gefreut.» Er griff in meine Haare und zog mich zu sich.

Nach diesem Tag kam der nächste, dann noch einer und noch einer. Er kaufte Milch für mich, damit ich den Kaffee nicht ohne Milch trinken mußte. Er wurde nicht oft grob. Er wollte nur, daß ich das tat, was er wollte. Und ich tat es.

Aber der Schlüssel drehte sich in meinen Ohren. Drehte sich durch meine Stirn. Drehte sich in mein Gehirn. Die Monster saßen in den Zimmern herum, nicht nur, wenn ich schlief. Es wurden Stunde für Stunde mehr. Sie ließen mich nicht aus den Augen. Ich hatte Angst einzuschlafen, weil ich fühlte, wie sie auf meinen Körper stiegen. Wie sie sich zwischen meine Schenkel schoben. Wie sie an mir saugten und nagten. Manchmal erwachte ich mit einem Schwanz zwischen den Lippen, und ich wußte nicht, ob in mir ein Monster war oder der Mann.

Schließlich fand ich die Tabletten. Ich machte mir nicht die Mühe, den Namen zu lesen, den sich irgend jemand für sie ausgedacht hatte, oder gar den Beipackzettel. Ich wußte nur, daß ich etwas gegen die Monster unternehmen mußte, die jetzt in mir herumspazierten. Irgendwie waren sie in meinen Körper gelangt, in meinen Leib. Ich dachte, daß ich sie töten mußte.

Als der Mann kam, ging ich ins Bad und ließ Wasser in die Wanne laufen. Ich hielt meine Finger in den Strahl. Nicht zu heiß und nicht zu kalt. Ich tat, was er wollte. Die Monster strampelten in mir, und ich hörte dem Wasser zu. Die Monster zuckten, und dann fielen sie um. Ich spürte, wie sie umfielen, eins über das andere. Ganz leise und tot waren sie jetzt. Dieser Tag war heller als andere Tage. Die Sonne lockte mich, und ich öffnete das kleine rechteckige Fenster. Der Mann rief etwas, und ich begriff, daß er mir nicht folgen konnte, wenn ich hinauskletterte. Er war zu groß, zu breit. Einfach zu groß für diesen hellen Tag. Mein Körper fühlte sich leicht an, schwerelos, mit den toten Monstern in meinem Leib. Aber natürlich wußte ich, daß ich nicht fliegen konnte. Obwohl es mir so vorkam. Aber ich wußte, daß ich kein Vogel war. Ich kletterte hinaus und hielt mich an dem kupfernen Rohr fest. Ich dachte, daß ich leicht genug war. Aber ich konnte mich nicht halten. Meine nassen Hände konnten mich nicht halten. Das erste, was ich sah, als ich wieder sehen konnte, war der Knochen, der mir aus der Nase ragte. Ich wußte nur nicht, daß es ein Knochen war. Rühren konnte ich mich nicht. Den Rest kennen Sie.

Diagnose Wirbelbruch. OP. Als ich aus der Narkose aufwachte, saßen die Bullen schon an meinem Bett. Alles nicht so lustig, nicht wahr. Es tut mir leid. Hinki besuchte mich, und sie bedauerte, daß sie ihren Fotoapparat vergessen hatte. Sie sagte, sie hätte mich gern fotografiert, «damit das eine Warnung ist für dich». Ich konnte sie beruhigen: die Schrauben, die jetzt meinen Körper zusammenhalten, sind Warnung genug.

Nein, zu Hinki gehe ich nicht zurück. Die Klapsmühle wartet schon auf mich. Und dann? Ich weiß nicht. Haben Sie eine Idee?

Mittendrin von vorne anfangen Sapphire

Wir befinden uns in einem Restaurant Ecke 22. Straße und 8. Avenue, wir sind zum Lunch verabredet. Ich werde demnächst auf Lesereise ins Ausland fahren. Sie hat sich gerade für einen Leitungsposten beim N.E.A. beworben; ein wichtiges Gespräch steht an. Wir sind Bekannte, haben schon geschäftlich und künstlerisch zusammengearbeitet, und wir sind Freundinnen. Diese Freundschaft ist womöglich die schwächste Verbindung zwischen uns. Mit Lesben befreundet zu sein ist für mich mit den Jahren immer schwieriger geworden. Sie ist lesbisch. Ich nicht. Sie gilt als Hetera. Ich gelte als Lesbe. Ich muß ihr sagen, daß ich keine mehr bin. Und insgeheim füge ich hinzu, ich glaube nicht, daß ich je eine war.

Aber natürlich war ich mal eine. Und das wird ein Thema sein. Wir sind in einem Restaurant in Chelsea, ein sogenanntes Schwulenviertel. Das soll heißen, daß homosexuelle Männer in großer Zahl Wohnungen in dieser Gegend anmieten, vielleicht gehört ihnen sogar das Restaurant hier. Ich weiß es nicht. Der Kassierer, der versonnen einen Kollegen mustert, trägt sein Schwulsein offen zur Schau. Die Kellner, Weiße, könnten auch schwul sein. Das Küchenpersonal ist das gleiche wie in vielen amerikanischen Großstädten; sie sehen aus wie meine Nachbarn in Sunset Park, mexikanische Einwanderer, die sich in

Schnellfeuerspanisch miteinander verständigen. Mein ganzes Leben lang habe ich sie in Küchen stehen sehen, mit Schürzen um den Bauch, oder in meinem alten Viertel in Harlem, das weitgehend afrikanisch-amerikanisch und puertoricanisch ist. Die Puertoricaner sind seit den Fünfzigern in New York, die Schwarzen zum größten Teil seit der Abwanderungswelle aus dem Süden in den Vierzigern. Aber die Mexikaner, die ich früher da gesehen habe, wohnten damals nicht in Harlem. Die paar, die mir unterkamen, arbeiteten für die Koreaner in den Gemüseläden. Gemüse putzen, Gemüse schneiden, welke Kohlblätter abrupfen. Wenn ich sie heute sehe, weiß ich, wo sie wohnen – weil ich selbst da wohne. Meine Freundin hat keinen Blick fürs Restaurantpersonal übrig.

Diese Freundin nun will von mir etwas über mein Privatleben hören, womit sie nicht meine Gesundheit, meine Finanzen meint oder wie es meiner Familie geht, sondern mit wem ich gerade verbandelt bin. Als sie das erste Mal fragt, hat es etwas Bohrendes. Aber ich antworte ihr, ich hätte eine nicht allzu glückliche Beziehung mit einem Mann. Aah, sagt sie, erzähl mal. Da gibt es nicht viel zu erzählen, ich bin 47 Jahre alt, völlig von ihm hingerissen, er ist jünger als ich und nicht nur verheiratet, sondern hat dazu noch eine andere Frau (nicht mich!) als Geliebte! Das alles wußte ich natürlich nicht, als es mich erwischt hat, erkläre ich ihr. Ich hatte mir keine Gedanken darüber gemacht, ob er «frei» war, da war nur etwas in seinem Lächeln, in der Art, wie er mit mir redete, das mein Herz aufgehen ließ, und auch, wenn in dieser Beziehung irgendwie der Wurm drin war, blieb mein Herz weit offen, zu offen vielleicht.

Wir reden inzwischen über etwas anderes, sie hat von der «Community» angefangen, womit sie ältere, ausschließlich homosexuell lebende schwarze Lesben meint.

Ich habe seit den Achtzigern keine Beziehung mehr mit einer Frau gehabt oder bin auch nur mit einer im Bett gewesen. Soweit ich irgend kann, gehe ich der «Community» aus dem Weg. Aber manchmal kannst du ihnen einfach nicht aus dem Weg gehen, das erkläre ich ihr, indem ich unser letztes Aufeinandertreffen vor ihr ausbreite.

«Grauenhaft», sagt sie, «Was du da erzählst, ist wirklich grauenhaft», wiederholt sie. «Hast du was drüber geschrieben?»

Meine Gedanken sind schon bei etwas anderem. Ich denke zurück an ein Café, das war 1978 oder 77, eine Ära, an die ich immer als die späten Siebziger denke. Ich war da, um meine Gedichte zu lesen. Damals war erst ein einziges Gedicht von mir veröffentlicht worden: Craig, ein Student der hiesigen Fachhochschule (inzwischen ein Anwalt von internationalem Renommé, wie ich höre), hatte mich zusammen mit einer Freundin von Freunden um ein bestimmtes Gedicht gebeten, das er mich einmal hatte lesen hören. Ich erinnere mich, daß es ein Gedicht über die Entfremdung von Schwarzen in der weißen Kultur war. Den Titel nahm ich aus dem bekannten Song von Bob Marley: *Jah Would Never Give the Power to a Bald Head*. Und ich zitierte auch noch die zweite Zeile in meinem Gedicht: «... and crucify the dread». Offenbar glaubte ich sogar, was ich schrieb, denn ich ließ meine Dreadlocks bis zu den Hüften wachsen. Ich weiß nicht mehr genau, wie ich im Frauencafé gelandet bin. Ich weiß, daß ich eingeladen worden war, an diesem Abend zu lesen. Ich erinnere mich, daß ich mir nach der Lesung so vorkam, als ob ich es geschafft hätte. Ganz anders, als nach den Lesungen in San Francisco, wo ich herkam. San Francisco strotzte vor Energie von jungen Frauen wie Ntozake Shange und Jessica Hagedorn. Anthologien wie *Time To Greez!* waren Stadtgespräch. Vielsprachigkeit, Post-Beat-Generation, Ethno-Feminismus, Prä-Multikulti-Political-Correctness, das war total angesagt. In Altas Verlag *Shameless Hussy Press* war Ntozake Shanges *For Colored Girls Who Have Considered Suicide When the Rainbow is Enough* erschienen, die Grundlage für den gleichnamigen Broadway-Hit, bei *Nomo Press* erschien Jessica Hagedorns Buch *Dangerous Music*, auf dem strahlendweißen Umschlag prangte ein brennendes Cello! Ich war treue und begeisterte Anhängerin dieser Frauen. Wißbegierig auf alles, was mit Tanz und Dichtung zu tun hatte, folgte ich der Anweisung in einem von Ntozakes Gedichten, *Dance was of the spirit!*, und tanzte, tanzte, auch wenn nicht die leiseste Wahrscheinlichkeit bestand, daß ich je ein Profi werden würde (aber das wußte ich damals nicht), machte Kurse in Afrikanischem Tanz, in Jazztanz, in etwas, was sich Afro-amerikanischer Tanz nannte. Ich schwamm auf dieser Schein-und-Sein-Frauen-Ethno-Welle nach New York. New York, das war, wo sie Ntozake auf dem Broadway spielten, die erste Schwarze mit einem Broadway-Stück seit Lorraine Hansberry mit *Raisin in the Sun* in den Fünfzigern.

Das Frauencafé war auch etwas ganz anderes als die Lesungen, die ich bis dahin in New York besucht hatte, oder die, die ich zusammen mit meinen Freundinnen auf die Beine gestellt hatte, Tänzerinnen und Dichterinnen und tanzende Dichterinnen wie Velia Lockett, Tänzerin der Extraklasse. Zu unserem Publikum gehörten alle meine Freundinnen und Bekannten, unsere Mitbewohnerinnen und gemeinsamen Freundinnen (bis zum heutigen Tag!) Beladee Nahem und Claire Dixon. Zu Velias Truppe gehörten auch Leute wie der Gitarrist Vernon Reid, der später zur Kultfigur der schwarzen Rockmusik werden sollte, und der Perkussionist Gary Fritz. Und jetzt, beim Schreiben, erinnere ich mich, auch Leute wie Greta Goldstien, die zu diesem Haufen von mehrheitlich schwarzen Künstlerinnen gestoßen war und an diesem Abend etwas von meinen Sachen hörte. Es gefiel ihr, und sie lud mich ein, im Frauencafé zu lesen. Ich hatte eine Menge Gedichte in dem Loft gelesen, das wir an diesem Abend für unsere Performance angemietet hatten, es gab mal ein paar verwackelte Fotos, die ich dann weggeschmissen habe, weil sie verwackelt waren, nicht ahnend, daß ich später mal froh sein würde, wenigstens ein verwackeltes Bild zu haben, nur um überhaupt ein Bild von mir zu haben, wie ich mit langen Schritten auf die Bühne losstiefele! Aber das gehört nicht hierher. Ich kann mich jetzt genau an sie erinnern, sie war hin und weg von dem Gedicht, «das eine, wie heißt es noch, *New York Night?*» Ich sagte ihr, es hieße *New York City Tonight.* Sie fragte, ob ich ins Café kommen könnte, ins Frauencafé, sie hätten da ein Speak Out, es wäre toll, wenn ich hinkommen könnte und das Gedicht lesen. Ich sagte zu ihr, sehr gern würde ich ins Café kommen und meine Gedichte lesen. Das eine, wiederholte sie. Ich hörte nicht hin, eine meiner größten Charakterschwächen. Ich hörte nur, daß ich in ein Café eingeladen worden war, um meine Gedichte zu lesen, genau wie Zaki!

Ich war vorher noch nie bei einem Speak Out gewesen. Im Frauencafé waren nur Frauen, die meisten Weiße, in Jeans und Holzfällerhemden. Ich erinnere mich, daß ich herausstach mit meiner roten Malerhose und dem rückenfreien Top und den zwei Ringen in der Nase (heute trage ich nur einen). Das Speak Out drehte sich um das Thema Prostitution und andere Arten von Sexarbeit. Eine ganze Reihe von diesen weißen Frauen, an eine grauhaarige Dicke erinnere ich mich besonders deutlich, lasen aus Büchern, die sie geschrieben hatten oder gerade schrieben, über die Greuel des Handels mit Frauenfleisch. Woran ich mich bei der grauhaarigen Frau erinnere, ist, daß sie klar zu verstehen gab, daß sie selbst diese Greuel in keiner Weise je erfahren hatte, aber wisse, wie entsetzlich sie seien, und kraft des ihr verliehenen Einflusses als Universitätsprofessorin und Feministin würde sie dieser Ausbeutung der Frauen ein Ende setzen. Ich erinnere mich, wie ich dachte: Wie sind die denn drauf?!

Ich weiß nicht mehr, ob es gleich danach war oder etwas später, als Greta Goldstien vortrat. Sie schaute mich an und schenkte mir ein kleines Lächeln, ich setzte mich ein bißchen aufrechter hin, weil ich wußte, daß sie mich gleich ankündigen und daß ich einen Moment später am Mikrophon stehen würde.

«Und nun», sagte sie, «hier bei uns, um ihre Prostitutionslyrik vorzutragen: SAPPHIRE!» Ich erhob mich von meinem Platz, wie ich mich in den zwanzig Jahren seitdem immer wieder von meinem Platz erhoben habe, und ging nach vorne. Ich spürte Greta Goldstiens Ungeduld, als ich Gedichte über das Tanzen, über ethnische Identität, über Mentorinnen las. Sie schaute ungeduldig auf ihre Uhr, wenn ich es richtig in Erinnerung habe, und dann wieder zu mir, oder vielleicht ist es auch gar nicht so passiert, vielleicht habe ich das Ganze völlig falsch in Erinnerung! Vielleicht hatte sie keine Jeans an, vielleicht hieß sie auch weder Greta noch Goldstien? Vielleicht war es sogar 1976 oder 1979? Ich erinnere mich nicht, aber sie hat wirklich gesagt: «Und nun, hier bei uns, um ihre Prostitutionslyrik vorzutragen: SAPPHIRE!» Und daran muß ich mich nicht erst erinnern, das ist etwas, das ich niemals vergessen habe.

Nach der Lesung kamen die meist weißen Frauen in ihren Jeans auf mich zu, manche von ihnen zu Tränen gerührt, und wie tapfer ich doch sei und wie gut ihnen meine Gedichte gefallen hätten, wie sehr betroffen sie wären, zu hören, was farbige, und da kriegte die eine einen Rempler,

BUFF, von einer anderen Kohorte in Jeans, und die Frau sagte, nachdem sie sich von dem Rempler erholt hatte, oh, ich meine natürlich schwarz, was schwarze Frauen durchmachen.

Als sie von mir abließen, fragte mich eine junge, dünne Schwarze mit krummen Schultern, der ein Schneidezahn fehlte und die mich wegen ihrer Aufrichtigkeit beeindruckte – obwohl ich nicht sagen könnte, in bezug auf was, oder inwiefern sich das von der Ernsthaftigkeit Greta Goldstiens und der anderen, mit denen ich gerade gesprochen hatte, unterscheiden sollte –, sie fragte mich, ob ich daran gedacht hätte, meine Gedichte in *Azalea* zu veröffentlichen, eine Zeitschrift, die von Dritte-Welt-Lesben fabriziert wurde, sie hieß Joan Gibbs. Eine andere trat auf mich zu, jung, blond, sie hatte ein Kleid an, später erfuhr ich, daß sie eine Ex-Prostituierte war, sie und ihre Flamme bereiteten eine Ausgabe der Zeitschrift *Heresies* vor, eine Sondernummer zum Thema Frauen und Gewalt, sie hätten gerne meine Gedichte herausgebracht. Ich war aufgekratzt. Ich wußte nicht recht, was ich damit anfangen sollte, aber sie wollten gern meine Gedichte haben (und wenn ich nicht darauf einginge und sie ihnen nicht schickte, würden sie mich anrufen und nachfragen).

Diese Erinnerungen überkommen mich in dem kurzen Moment, nachdem ich meiner Freundin ins Gesicht gesehen habe, in die ausdruckslosen Gesichter des Küchenpersonals, und noch vor ihrer Frage: «Hast du was drüber geschrieben?» Und natürlich ist die Situation, nach der sie fragt, nicht diejenige, die ich gerade beschrieben habe, sondern eine, die mir erst in der Sekunde danach durch den Kopf ging: Nein, darüber habe ich nichts geschrieben. Und natürlich ist die Art, wie sich das alles vor meinem inneren Auge abspielte, absolut nicht identisch mit den Wörtern, mit denen ich es beschreibe: Ich brauche seitenweise Wörter, die ich ganz bewußt zu einem Erzähltext zusammenfügen muß, um das blitzartige Aufflackern der Erinnerung an einen Abend zu beschreiben, die mich als Ansammlung isolierter Bilder überkommt, ausgelöst nicht durch ihre Frage, sondern durch die Kaffeetasse, die vor mir steht, und die Art wie sie mir gegenüber am Tisch sitzt, nervös und mit einem Stapel Papiere in der Hand, wie ich an jenem Abend mein Notizbuch in der Hand hielt. Keins dieser Bilder wird ihr offenbart, es ist eine Erinnerung ohne Worte, die bis zu diesem Moment nicht existierte. Worüber ich mit ihr spreche, ist etwas anderes. Ich höre mich sagen, ich hatte das Gefühl, es sei nicht richtig. Ich rede darüber, wie ich unzählige Male gebeten worden bin, das Treffen zu leiten oder auf einer Lesbenveranstaltung zu sprechen. Weißt du, irgendwann hatte ich das Gefühl, es sei nicht richtig, es zu tun, und ich schlief mit Männern. Irgendwann später wurde mir dann klar, es ist ihnen egal, denen, die schon lange dabei sind, sie wissen, daß ich es nicht ertragen kann, diesen Lebensstil, die Community, sie wissen es, und weil es ihnen peinlich ist, erklären sie mich um so lauter zu einer der ihren. In den frühen Achtzigern, nach einem ätzenden Coming-Out und einer traurigen Beziehung mit einer Frau, war ich so gut wie fertig mit ihnen, aber sie wollten mich mehr denn je. Jawohl, ich hatte das Gefühl, es wäre nicht richtig. Ich frage mich, wo meine Jugend geblieben ist, mein schlanker Körper, ohne Fett, meine Fruchtbarkeit, damals war ich jung und schön. Aber heute, warum sollte ich ausgerechnet heute «die Community» verlassen? Warum nicht einfach eine Ikone bleiben? Warum irgendwo anders hingehen, wo sie dich nicht wollen? Ganz ehrlich, warum sich nach was verzehren, was du nicht kriegen kannst? Ich erinnere mich an J., seinen Körper in mir drin (ohne Gummi, verdammt). Ich habe zweimal abgetrieben. Es sollte kein drittes Mal mehr geben. Er ging zu seiner Frau zurück, und die Frau, mit der ich zusammen war, drehte mir buchstäblich den Magen um, ihr Anblick, ihr Geruch, ich konnte es nicht ertragen, wenn sie mich anfaßte.

Aber ich nahm weiter ihr Geld. Hielt ich das etwa für richtig? Wo waren denn da meine hochtrabenden Moralvorstellungen? Langsam bringt mich das aus der Fassung, hier zu sitzen und meinen letzten Zusammenstoß mit der Community zu erklären. Ich werde mir jetzt einen Hamburger bestellen, obwohl ich weiß, daß Fleisch das Schlimmste ist, was frau essen kann, wenn sie Tumoren in der Gebärmutter oder an den Eierstöcken hat, ich weiß, daß die Tumoren empfindlich auf die Hormone reagieren, die in Amerika den Tieren gespritzt werden. Es ist nicht seine Ablehnung, worauf ich diese Geschwülste zurückführe, sondern die langsame Erkenntnis eines Unterschieds, von dem ich weiß, daß er immer bestehen wird. Normal. Eine normale Lesbe, wie, wie zum Beispiel meine Freundin gegenüber, die seit zwanzig Jahren in einer monogamen Beziehung lebt, oder wie meine Freundinnen heute, mit denen ich vor zwanzig Jahren getanzt und Gedichte gelesen habe, normale heterosexuelle Mädels, die alle inzwischen geheiratet und Kinder bekommen haben. Die Tumoren: drei Stück, einer neun, einer sieben Zentimeter lang, zwei davon wuchsen in meiner Gebärmutter, füllten und dehnten meine Gebärmutter aus, bis dann 1998 im Bus ein beflissenes, braves afrikanisch-amerikanisches Mädchen aufstand und mir ihren Platz anbot, in der sicheren Annahme, ich sei schwanger. Die dritte Geschwulst, die ich Herman nenne, sitzt an meinem linken Eierstock, ein Keimzellentumor, eine Zyste, die aus einem unbefruchteten Ei entsteht, das sich benimmt, als wäre es befruchtet worden oder hätte befruchtet werden wollen, oder als ob es durch Parthenogenese zu einem Baby oder sonstwas heranwachsen könnte. Monströse Tumoren, denen Haare wachsen, manchmal auch Zähne, Hormondrüsengewebe. Ein Kräuterheiler wird mir erklären, sie, er, der Tumor sei die Sehnsucht meines Körpers nach einem Kind, leere Arme, ein Heulen, einsame Fußspur im Sand, deine Gene gehen mit dir unter.

Ich bin in Antwerpen. Ich komme gerade aus dem berühmten Museum der Schrift, ein Saal nach dem anderen, von Afrika, wo die Ägypter auf Papyrus schrieben, über die mittelalterlichen Bibelabschriften aus einer Zeit, wo Bücher so kostbar wie Diamanten waren, bis hin zu Gutenberg und der heutigen Technologie, wo Bücher in Millionenauflagen gedruckt werden können und Millionen von Büchern routinemäßig von Verlagen vernichtet werden, um die Lagerkosten zu sparen. Der Gedanke, Teil der schriftlich fixierten Geschichte zu sein – ich habe geschrieben, meine Arbeit ist veröffentlicht worden, ich bin Schriftstellerin – bewegt mich fast bis ins kleinste Molekül, Veränderung, Wandel, Zellen, DNS. Ich bin verwandelt. Ich gehe in Richtung Fluß. New York City ist umgeben von Wasser, von Flüssen, aber es ist möglich, dort zu leben und nie in die Nähe des Flusses zu kommen, abgeschottet wie er ist, durch Brücken, Zement, Highway, Zäune, Polizei. Aber in Antwerpen liegt der Fluß nur ein paar Meter ab von einem der Marktplätze, und wenn du hingehst, kommst du direkt ran. Ich stehe am Wasser und spüre, was es bedeutet, mein Leben dem Wort geweiht zu haben. Ich bin 45 Jahre alt; als *American Dreams* herauskam, dachte ich, wenn ich morgen sterben würde, wäre es in Ordnung, weil in gewisser Hinsicht ein großer Teil meiner Arbeit getan war. Jetzt, nach der Veröffentlichung von meinem Roman, hatte ich das Gefühl, ganz am Anfang von meinem Lebenswerk zu stehen. Ich hatte das Gefühl, etwas wert zu sein, etwas Gutes geschaffen und der Menschheit hinterlassen zu haben. Ich rede laut mit dem Fluß. Schreie das Wasser an, das an mir vorbeifließt, in die klare kühle Luft, ich rede mit dem Fluß, und er scheint mir zu antworten. Als ich mich umdrehe, um zu meinem Hotel zurückzugehen, bin ich noch ganz erfüllt von diesem Bewußtsein von Schicksal und Zukunft, da komme ich an einem jungen Paar vorbei, das sehr verliebt zu sein scheint und einen Kinderwagen vor sich herschiebt. Vielleicht wegen der Hoffnung und der Freude, die ich in diesem Moment habe, kann ich mir eingestehen, daß es das ist, was ich will oder was ich von ganzem Herzen und aus tiefster Seele wollte und nun nie haben werde. Das weiß ich jetzt. Ich bin nicht darauf vorbereitet, daß mich dieses Eingeständnis dermaßen umschmeißt, wie damals, als ich mir eingestand, daß ich eigentlich Tänzerin werden wollte und daß Nackttanzen in einer Bar keine freie Entscheidung war, sondern das Ergebnis mangelnden Selbstwertgefühls und zu niedrig gesteckter Erwartungen an mich selbst. Ich sehe mich nach einer Bank um, um mich hinzusetzen, so vieles von dem, was ich im Leben erreichen wollte, das kann ich mir jetzt eingestehen, wo ich diesen unerwarteten Erfolg habe, werde ich nicht mehr kriegen. Ich setze mich, und ein Korridor öffnet sich in meinem Gehirn, der sich von meinem Hinterkopf auf meinen Tod zu bewegt, ein langer Korridor aus Licht, der immer enger wird, bis nur noch ein kleiner Lichtpunkt übrig bleibt, und dann nichts mehr.

Ich versuche, das Triumphgefühl und die Aufbruchsstimmung vom Flußufer zurückzuholen, und komischerweise ist es immer noch da, leicht wiederzuerwecken. Ich stehe auf und muß mich wieder setzen. Mein Hirn ist wie in zwei Teile gespalten, zwei Bildschirme, am hellichten Tag ist es, als würde ich einen Film über mein Leben anschauen. Ich sehe die Bücher, die ich noch schreiben werde, sehe die Person, die ich eines Tages sein werde. Auf dem anderen Bildschirm ist mein Vater, tot, nackt, wie er ausgesehen haben muß, bevor der Bestatter ihn zurechtgemacht hat. Jemand hat ihm irgendwelche Markierungen mit Tinte auf den Schädel gemalt – als ob er für einen neuen Hut vermessen worden wäre? Verwirrt schüttle ich den Kopf, versuche, die Bilder zu vertreiben. Ich stehe auf, versuche zu ergründen, ob ich gerade eine Reihe von spirituellen Erfahrungen durchgemacht habe oder einen Nervenzusammenbruch. Ich gehe zum Hotel, denke an meinen zweiten Roman, der fast fertig ist.

Der Kellner stellt mir den Cheeseburger hin. Die Pommes sind das Letzte, da genügt ein Blick.

«Nein», wiederhole ich. «Ich habe noch nie was drüber geschrieben.» Ich bin wieder im Restaurant. Auf diesem Bildschirm erscheint die Last des unerklärten Vorfalls nicht. «Eines Tages werde ich das vielleicht tun», sage ich zu ihr. Es ist jetzt unwichtig, wichtig höchstens für sie, oder vielleicht dann für mich, wenn ich diesen Vorfall und zwei, drei andere nehme, die zusammen eine Ecke bilden, um die ich biege, um niemals mehr zurückzublicken, außer heute hier in diesem Essay. Ich glaube, die Frage, die mir hier von dieser Frau gestellt wird, ist, wie ich etwas aufgeben kann, das für sie wesentlich ist, ein Teil ihrer Existenz, ich werde indirekt gefragt, warum ich keine Lesbe mehr bin oder warum ich mich nicht mehr so nenne. Sie hat mich das schon mal gefragt, aber es kommt als Frage über ein Interview daher, das ich gegeben habe, und es wird mir klar, daß sie und andere heimliche Lesben, obwohl sie aussieht wie ein Mann und mit ihrer «Gattin» zusammenlebt, inzwischen auf mich als eine zählen, die kein Blatt vor den Mund nimmt und stolzerfüllt über etwas schreibt, worüber ich in Wirklichkeit im Zwiespalt und verwirrt bin; in ihren Augen bin ich dafür zuständig, in der Öffentlichkeit die stolze Lesbe zu spielen und zu verbreiten, daß es ein gutes Leben ist und immer ein gutes und wundervolles Leben war. Ich bin nicht sicher, ob es für mich beim Lesbischsein je um den sexuellen Akt mit einer Frau ging, was vielleicht der Grund dafür ist, daß ich jetzt tun kann, was dieser Frau unmöglich erscheint, nämlich mich zu ändern. Fragt sie, weil sie nicht versteht, daß Menschen sich ändern können, weil ihr ein solcher Wandel bei sich selbst so unmöglich vorkommt, wie die Hautfarbe zu wechseln? Ist für sie sexuelle Identität und sexuelle Orientierung ein und dasselbe? Könnte sie sich ändern? Ist sie «genetisch programmiert» darauf, mit Frauen zu schlafen? Fühlte sie sich sexuell von Anfang an und immer nur zu Frauen hingezogen? Ist sie jemals in einen Mann verliebt gewesen? Weiß sie, wie es ist, sexuell zu einem Mann hingezogen zu sein und die politische Entscheidung zu treffen, eine Lesbe zu werden? Denkt sie, ich bin total durchgeknallt? Daß ich mein Leben vergeudet habe? Nein, das denke *ich*. Gäbe es das Schreiben nicht, das, was ich heute schreibe, und meine Bücher *American Dreams* und *Push*, dann würde ich mich mit einer 38er in einen Schrank stellen und mir das Hirn wegpusten. Ich schaue zu ihr hinüber, neidisch darauf, wie verhältnismäßig gesund ihr normales Leben ist. Was will sie von mir?

Ich bin zu Hause in meiner Küche und höre einen nicht-kommerziellen Sender, es geht um Vietnam-Veteranen, die nach Vietnam zurückgegangen sind, um das Leid und die Schuld der Vergangenheit zu verarbeiten. Die Veteranen sprechen über den dauernden seelischen Schmerz, über Isolation und Drogenprobleme. Ein Mann spricht davon, wie frustriert und entfremdet er sich fühlt, darüber, wie er, während andere junge Leute in dieser Zeit die Fähigkeiten entwickelten, die man braucht, um zu anderen Menschen Beziehungen aufzubauen, in Vietnam war, um Menschen zu töten. «Also, da hat man nun diese Beziehungsprobleme», sagte er, und ich ließ alles stehen und liegen, womit ich gerade an Hausarbeit beschäftigt war, und blieb wie angewurzelt stehen, «und man denkt halt, es liegt an einem selber. Man kommt ja gar nicht auf die Idee, das mit dem Posttraumatischen Streßsyndrom in Verbindung zu bringen.» Ich fange in meiner Küche an zu weinen. Ich lasse meinen Kopf auf den Küchentisch sinken und weine. Weine um mich mit 18, 19, 20, 25, 35, 40 … Ich weine.

Sie hat einen Truthahn-Burger bestellt. Der Cheeseburger, den ich bestellt habe, ist einer der miesesten, die ich je gegessen habe. Nein, sage ich, ich hab nie was drüber geschrieben. Jetzt schon.

Deutsch von
Beate Smandek

Vier Fragen

Silvia Szymanski

Was ist Ficken?

Die Eltern von Jürgen und seiner Schwester Mia sind modern und anständig. Sie sind offiziell nüchterne, patente Menschen. Man merkt ihnen nichts an, aber sie haben Mia und Jürgen noch vor wenigen Jahren durch Sex gemacht. Die meisten Menschen sind sexuell, und nicht normal, in ihren Verstecken. Sie wirken nur die meiste Zeit neutral und farblos, aber das tu auch ich, wenn ich mit den Kindern unerkannt, getarnt als Babysitter, durch die Stadt geh. Niemand weiß dann, wer ich bin. Im Traum heut nacht sah ich eine Eule mit ihren großen Flügeln am Himmel fliegen und sagte laut, so einen Geliebten will ich.

Aber am Tag mußte ich doch in einem Aachener Jugendheim sitzen und mit den Kindern auf Max, den Clown, warten.

Es waren viele Kinder da, und sie versprachen sich viel vom Clown. Sie tobten aufgeregt über Tische und Stühle. Zwei Jungen von vierzehn oder fünfzehn bedienten sozial und freiwillig an der Theke. Der eine hatte eine große Nase und flaumig dunkle Barthaare.

Ich versuchte, ihm mit meinen Augen klar zu machen, daß er sich hinter mich setzen mußte. Er sollte seine Hand ausstrecken und meinen Nacken streicheln. Ich hätte davor große Hochachtung gehabt. Es ist nicht verboten. Es wird nicht bestraft, aber die Leute tun es von selber nicht.

Der Junge sah mich nur flüchtig an. Ich fühlte mich so ausgetrocknet und verkrampft und hätte es schrecklich gern gehabt, wenn was passiert wäre.

War das nicht MEIN Leben hier?

«Mach einmal die Augen zu», pflegte mein sadistischer Onkel zu sagen, als ich noch klein war. «Na? Was siehst du jetzt? Siehst du was? Was siehst du, nichts? Tja, das ist ‹dein›.»

Ich sah nicht nichts. Ich sah Kreise und Gebilde wie unter einem Mikroskop. Vielleicht nutzlos, aber hübsch.

Ich quälte mich durch die Vorstellung, dann war auch das vorbei. Ich quälte mich zurück nach Hause mit den Kindern.

Gerade hatte ich es mir im Sessel gemütlich gemacht, da rief mich Mia. Ihre Stimme klang verkachelt, sie kam aus dem Klo. Ich sollte kommen, Po abputzen. Das hat sie sich so angewöhnt, daß ich das immer tun muß, und sie macht dabei nicht den Eindruck von Hilflosigkeit, sondern von Herrschaft.

«Langsam solltest du das aber mal selber können», murrte ich. Es war krümelig und klebte und stank wie übergelaufenes Klo. «Du willst doch immer so groß sein! Also schau! So putzt man einen Popo ab. Und so benutzt man eine Klobürste. So schrubbt man damit AA ab, und dann drückt man auf die Wasserspülung und schickt den Köttel durch die dunklen Kanäle unter Aachen.»

Mia grinste ungläubig. «Dunkle Kanäle? Der arme AA!» sagte sie.

«Er ist nicht arm», sagte ich. «Dein AA ist tot. Der merkt nichts mehr. Bedaure lieber mich!»

«Wo kommt mein AA denn dann hin?» fragte Mia, die sich nicht trennen kann von etwas, das ihr mal gehört.

«Dein AA fährt so lange durch die Erde, bis er in einem Filter in der Kläranlage hängenbleibt, und dann holen ihn die bösen Bauern und tun ihn illegal auf ihre Felder gegen Geld!»

«Das dürfen sie doch gar nicht!» sagte Mia geizig. «Es ist doch mein AA!»

«Klar», sagte ich cool. «Aber würdest du ihn denn wirklich lieber behalten? Wo würdest du ihn dann hintun? Abkaufen tut ihn dir keiner.»

Mia kicherte.

Ich hab mir früher vorgestellt, im Klo säße ein Geist, der sich von AA und Pipi ernährt. Mein Bruder und ich mußten ihn zufriedenstellen, ihm eine Wurst und Knubbel wie Kartoffeln machen und Pipi dazu als Limo. Serviette hinterher und runter damit in den Speiseabzug und schnell weg, sonst zieht er dich mit in die Hölle. Mit Mia wäre der Klomann sehr zufrieden gewesen! Mia machte sehr viel AA, denn Mia aß den ganzen Tag.

«Kann ich dasselbe haben wie Jürgen, Frau Sobierajski? Aber etwas mehr von allem, nein, warte, besser viel, viel mehr?» pflegte sie aufgeregt zu sagen, wenn ich das Essen auf die Teller tat. Was für ein kleiner Gierkopf.

«Weißt du was!» sagte sie zappelnd und mampfend, «wenn ich groß bin, will ich einen Bauernhof mit allen Tieren, die es gibt!»

Ich weiß, ich sollte nicht so sein. Das ist eine Phase, durch die sie gehen. Größenphantasien. «Mit allen Tieren, die es gibt?» muß man dann sagen. «So große dicke Elefanten auch? Und Pandabären und Giraffen? Darf ich dich dann auch besuchen? Darf ich auch auf deinem rosa Schimmel reiten?»

«Sei mal vorsichtig, was du dir wünschst!» sagte ich statt dessen. «Das ist viel, viel Arbeit! Das schaffst du doch gar nicht alles.»

«Das schaff ich DOCH!» sprach Fräulein Gernegroß. «Man schafft nämlich alles, was man sich vorgenommen hat. Man kriegt alles, wenn man es nur richtig will!»

«Da hat dir aber jemand was Falsches erzählt», sagte ich.

«Ganz so ist das nicht.»

«Doch! Genau so ist es!» verteidigte Mia ihr Weltbild. «Wenn man groß ist, kann man alles machen, was man will!»

«So ein Quatsch!» sagte ich. «Sieh mich an. Kann ich tun, was ich will?»

Aber Mia ließ sich nicht beirren. Sie war jetzt in Fahrt wie eine kleine, egozentrische Supernova.

«Wenn ich sterbe», fuhr sie fort, «dann stirbt auch alles andere auf der Welt. Dann gibt es überhaupt nichts mehr, auch nicht dich, Frau Sobierajski!»

«Du bist ja blöd!» sagte ich. Ich laß mir doch nicht von so einem Nüßchen meine Existenz streitig machen. «Das ist seit ewigen Zeiten bewiesen, daß es nicht so abläuft, Mia! Gar nichts nimmst du mit, und keiner stirbt, wenn du stirbst, außer dir. Der Rest der Welt lebt munter weiter.»

Aber Mia hörte schon nicht mehr zu. Sie schüttelte gerade ihrem Bruder Sprudel übers Butterbrot. Er kriegte einen Anfall und trat sie in den Bauch. Ich schimpfte, er entschuldigte sich bei ihr, sie trat ihn gegens Bein. Er lief ins Kinderzimmer, sie hinterher. Heulen und Geschrei. –

Ich räumte ihre Otzen weg. Das Radio erzählte, daß auch USA und Irak sich stritten. Eine wilde Welt. Vollmond war draußen. Eine schöne Welt.

«Warst du schon mal verliebt, Frau Sobierajski?» krähte Mia vorlaut aus dem Kinderzimmer. «Was ist Fikken? Hast du schon mal gefickt? Hast du den Pimmel in die Scheide getan?»

Ich hörte sie mit Jürgen tuscheln, der ihr einflüsterte, was sie mich noch alles fragen sollte.

«Hast du deinem Verliebten schon mal in die Hoden gegriffen?» prustete sie. «Wie oft habt ihr schon gepoppt? Kannst du uns mehr über Sex erzählen?»

Sie lachten sich gleich tot.

Was ist Spaß?

In diesem Jahrzehnt sagen die Leute einander persönlich und durch die Medien, Spaß sei die Hauptsache. Ich komme da nicht mit. Ich kann nicht verstehen, was Spaß ist.

«Aber ich weiß es!» sagte Mia. «Klingelmäuschen spielen! Es macht Spaß, wenn man sich vorstellt, daß eine alte Oma dann extra aufstehen muß, weil sie denkt, jemand kommt sie besuchen, und dann ist keiner an der Tür!»

Sie kringelte sich vor Vergnügen bei dem Gedanken.

Es bleibt rätselhaft, was Spaß macht.

Na gut, ein Spaß für erwachsene Frauen wäre zum Beispiel das Männerverarschen, aber dazu fehlen mir wieder Kraft und Überzeugung. Männer, die ich nicht mag, interessieren mich nicht einmal aus Quatsch, und die, die ich mag, will ich nicht verarschen. Ich will auch nicht mit einem Ballon fliegen. Ich will auch keinen Sport. Kirmes, Flohmarkt, Paddelboot, das will ich nicht. Wie wär's mit Fahrradfahrn in Grüppchen? Ich könnte einen Kurs besuchen. Oh, überall der Mangel an Kraft und Überzeugung, wenn ich nach etwas in mir suche, das mir Spaß machen könnte.

«Frau Sobierajski! Spielst du mit mir?» stört mich Mia beim Miesdraufsein. Ich lag hinter ihrem Haus im Liegestuhl und dachte über etwas viel wichtigeres nach als Spielen. Spielen! So versteh ich meinen Job nicht. Ich kann da sein für 10 Mark die Stunde, ich kann aufpassen, helfen, aber spielen? Aus dem Alter bin ich ja wohl raus.

«Ich bin erwachsen, Mia», sagte ich beleidigt. «Spielen ist für Kinder.»

«Meine Mama spielt aber auch immer mit mir!»

«Was heißt hier ‹auch›?» sagte ich gemein und spitzfindig.

«Daß du auch jetzt mit mir spielen sollst», parierte Mia.

«Aber ich kann nicht», sagte ich. «Ich kann mich nicht bewegen. Ich bin zu faul!»

Sie grinste mich schief an und überlegte ernst.

«Bitte, Frau Sobierajski! Du kannst auch in dem Liegestuhl liegen bleiben! Ich weiß was ganz Schönes. Das macht dir bestimmt Spaß!»

Schon wieder das Wort.

«Ich will keinen Spaß!» sagte ich. «Ich will was Ernstes, Richtiges.»

«Das ist richtig, was wir spielen! Wir spielen Café. Du bestellst Sachen bei mir, und ich bring sie dir.»

Na ja, gut, das kann man vielleicht machen.

Mia buk im Sandkasten Torten in Schildkröten- und Bärenform, verzierte sie mit Stöckchen, Blättern und Holunderblüten und brachte sie mir. Sie gab mir sogar das Portemonnaie, aus dem ich sie bezahlen sollte.

«Bitte, Fräulein», sagte ich und gab ihr Geld aus ihrem Portemonnaie. «Fünfzig Pfennig. Und hier sind zwanzig Pfennig für Sie, als Trinkgeld!»

«Was ist Trinkgeld?» fragte Mia.

«Das bekommt die Kellnerin, wenn man mit der Bedienung zufrieden war. Das braucht sie ihrem Chef nicht abzugeben, das darf sie behalten.»

Mia gab mir die fünfzig Pfennig zurück. «Ich will nur das Trinkgeld», sagte sie.

Was ist schön?

Ein großes Welt-Kinderfest sollte auf dem Markt sein. Ich war da mit Björn (3) und Silke (5). Nicht gern, das sag ich gleich. Wir hatten schönes Wetter, aber ich hatte keinen Bock. Ich hielt Ausschau, ob ein Junge da war. Aufmerksame Leser haben vielleicht schon eine vage Ahnung, was ich damit meine. Also jemanden, der irgendwie ausländisch aussah, orientalisch, diesen dunklen, vielleicht flaumigen Bartschatten sollte er über der Oberlippe haben, überhaupt sollte er überall viele dunkle Schatten haben, über den Augen, unter den Augen, in den Nasenlöchern, in den Ohren, dunkle Haare auf dem Kopf und auf den Armen und Beinen. Er sollte eine dicke, krumme Nase haben, er sollte aussehen, als hätte er Sex sehr nötig und würde die ganze Zeit nur daran denken. Verzweifelt lebendig und asylsuchend sollte er aussehen, und mit «Junge» meine ich eine altersmäßig sehr weit gefaßte Gruppe, alles über vierzehn. Genug erklärt! Es war ja keiner da.

Björn war noch nicht stubenrein, sollte aber, weil er bald in den Kindergarten kommen würde, irgendwie dazu gebracht werden. Aus diesem Grunde durfte er keine Pampers mehr tragen, und ich hatte die ganze Zeit Angst. Ein großes Bündel Luftballons mit Gas hing festgebunden über dem Gelände. Ein großes, buntes Transparent mit einem Regenbogen war über der Bühne aufgespannt. Ich kann das alles nicht sehen, ohne daß ein Ekel mich würgt. Die Luftballons, die Regenbögen, die Pingus, Clowns und Delphine und Walfische, der Elefant Benjamin Blümchen, die Sonne und die Sonnenblumen, bitte, bitte, tut die weg. Doch nein, sie nehmen keine Rücksicht.

Eine Kinderband hatte sich auf der Bühne aufgestellt. Ein Lehrer sagte sie an, mit trotz Mikro erhobener und kaputter Stimme: «Die Band ‹The Rainbow Fighters› möchte jetzt für uns ein paar heiße Rocksongs spielen. Sie haben dafür ganz toll viel geübt, und ich fände es superklasse von euch, wenn ihr jetzt ganz, ganz feste in die Hände klatschen würdet für Die Rainbow Fighters! Vielen Dank!»

«Ein bunter Regenbogen!» fingen die Rainbow Fighters an, «ist unsre schöne Welt. Es gibt nur eine Sonne, die unsren Tag erhellt. Es gibt nur eine Erde, da ist für jeden Platz, egal in welcher Farbe der Herr dich angestrichen hat. Egal ob du Karl-Heinz heißt, ob Abdul oder Klaus, ob Aischa oder Lieschen, du bist bei uns zu Haus!»

«Applaus! Applaus für die Rainbow Fighters! Und wie heißt euer nächstes Stück?»

«Rettet die Erde!» piepste ein verkapptes Kind in weiten Hosen, langem Hemd, dicken Schuhen.

«Und dieses Stück, das ist ein Rap, nicht wahr? Nun mußt du aber den Erwachsenen, die das noch nicht kennen, mal erklären, was das ist, ein Rap, die sind nämlich schon so alt, die wissen das gar nicht.»

Williges Kinderkichern im Publikum.

«...»

«Willst du nicht erklären? Kannst du nicht? Einen Rap kann man nicht erklären, den muß man hören? Also bitte schön! Einen ganz dicken Applaus noch mal für Kevin und seinen Rap!»

«Warum verbrennt ihr Wälder, warum macht ihr so'n Schmutz. Vergiftet alle Meere, verpestet unsre Luft. Wir wollen doch noch leben, wenn ihr gestorben seid. Wir können Geld nicht essen. Hej, es ist höchste Zeit! Rettet die Welt! Leute! Rettet die Welt! Ihr alle! Rettet die Welt! Denn sie ist doch nur geliehen. Rettet die Welt! Erwachsne! Rettet die Welt! Macht mit und: Rettet die Welt! Es ist schon 5 vor 12. Doch es ist noch nicht zu spät.»

Nachdem die «Rainbow Fighters» endlich aufgehört hatten, ging der Run auf die Luftballons los. Jedes Kind sollte einen kriegen und ihn auf Kommando gleichzeitig mit allen andern fliegen lassen.

Die friedlichen, idealistischen kleinen Kerle, die die bösen, gierigen Erwachsenen so überhaupt gar nicht verstehen können, schubsten und drängelten gnadenlos zu den überforderten Ballonverteilerinnen hin und traten sich auf die Füße und kreischten nach den Dingern. Björn fiel um, und sie wären fast auf ihn draufgetreten, aber wenn er größer gewesen wäre, hätte er's mit ihnen ganz genauso gemacht.

Als fast jedes Kind einen Ballon hatte, oder manche sogar zwei oder drei, und dafür andre eben keinen, da ließen die ersten ihre Ballons auch schon wieder los, weil sie die ersten sein wollten, die ihren Ballon losließen, oder weil sie es nicht erwarten konnten, zu sehen, wie der fliegt. Dann heulten sie, weil er weg war und Mama den nicht mehr zurückholen wollte. Trotzdem gingen auf Trillerpfiff noch einigermaßen viele gleichzeitig los.

Silke weinte, weil sie ihren nicht loslassen wollte.

«Mußt du auch nicht, wenn du nicht willst», sagte ich. «Ich halt sowieso nichts von dem Quatsch.»

Es dürfte niemanden überraschen, daß Björn stank. Die Aufregung war zu viel für ihn gewesen.

Wir gingen heim, und in meinem Innern ging der blutige Kampf Pflicht gegen Widerwillen weiter, es war immer dasselbe, Widerwille war stärker, aber Pflicht hielt mit Kalkül dagegen, sie wußte, sie brauchte nur bis acht Uhr durchzuhalten, dann war sie Sieger nach Punkten, Widerwilli aber brauchte ein K.O., weil er der Herausforderer war.

«Ich will weglaufen», schlug er auf Pflicht ein, «ich will nicht bei dieser fremden Familie bleiben. Ich habe Angst vor ihrem Haus, vor ihren Ansprüchen und vor Arbeit. Ich mag Möbel nicht sehen, diesen Milchgeruch nicht riechen, die Kinder, die an ihrem Spielzeug nuckeln, sie können nichts dafür, ich aber auch nicht, ich will weg, weg, weg.»

Ich tat dem Schicksal leid. Es schickte Silke zu ihrer Freundin ins Nachbarhaus, und ich beruhigte mich und machte Björn sauber und setzte mich mit ihm hinters Haus in den Garten.

Björn spielte lange und ruhig Autoabsturz von der Tischklippe. Ich sonnte mich und betrachtete die Wunden, die dieser Tag in mir gerissen hatte. Sie schlossen sich noch nicht, aber ich würde auch jetzt noch nicht daran sterben.

«Hör mal, Björn, was ist schön?» fragte ich. «Wenn ich die Haare zusamengesteckt hab» – so trug ich sie gerade – «oder wenn ich sie offen lasse?» Ich öffnete meine Spange. Björn kann noch nicht gut sprechen, aber er verzog sofort sein Gesicht zum Weinen, als er meine langen Haare sah. Er hatte plötzlich Angst vor mir, weil ich mich so schnell verwandeln konnte und dann so völlig fremd und wild aussah.

«Das war deutlich», sagte ich. «Na gut, dann steck ich sie wieder zusammen. Wieder besser?»

Björn nickte, halb getröstet und vom Schrecken noch gezeichnet.

Mein Bruder hat als Kind immer geschrien, wenn der Rock meiner Mutter hochrutschte und ihr nacktes Knie zum Vorschein kam, und entsetzt versucht, den Stoff wieder über die grausige Ausbeulung zu zerren, damit seine Mutter wieder intakt war.

Ich fuhr in meinem Test fort.

«Welche Mohnblüte ist schöner? Die offene, die halboffene oder die Knospe?»

Björn fand die Knospe uninteressant und die halboffene ekelhaft. Die offene war schön und ließ sich auch schön in einer kleinen Faust zerquetschen.

«Guck mal, Björn», sagte ich. «Wenn man diese Knospe aufmacht, ist da die fertige Blüte schon drin.»

Björn verfolgte interessiert die Prozedur, aber als die Blüte hervorkam, kriegte er einen Schrecken, packte sie und warf sie weg vor Abscheu.

«Noch mal», sagte er, als er sich wieder erholt hatte. Von Blüte zu Blüte kriegte er mehr Spaß an der wiederholbaren Verwandlung. Er war versessen darauf, diese rote Blüte immer wieder hervorquellen zu sehen, sie zu nehmen und wegzuwerfen. Wahrscheinlich hätte ich jetzt auch noch meine Haare aufmachen können, ohne daß er geschrien hätte. Was würde er wohl mal für ein Mann werden? Würde er Frauen auch so behandeln? Unser hitziges, naturforscherisches Spiel kam mir vor wie eine frühe Form von Sex.

Ich mußte es gegen seinen Willen abbrechen, um der Familie noch einige Mohnblüten zu erhalten.

Alles geht vorüber. Auch in diesem Haus und auch auf dieser Uhr wurde es irgendwann acht, der Vater kam, ich kriegte Geld, ich durfte gehn.

Ich bin ein Held.

Im Grunde halt ich es nicht aus. Aber ich tu als ob. Die Zeit vergeht, das Leben auch, und irgendwann ist's überstanden. Positiver geht es nicht.

«Sie war ein ungewöhnlicher Mensch, voll von jener Unerschrockenheit und Freude, die andere inspiriert», las ich in einem Buch. Nicht über mich.

Wer ist «Wir»?

«Lebenswelt» heißt die Siedlung, in der ich mich gerade befinde, in einer christlichen Begegnungsstätte, die bewußt bescheiden «Hütte» heißt. Hier soll eine natürliche
Schlichtheit kultiviert werden, die ich irgendwie zum Kot-
zen finde. Jaja, ich weiß, das muß sein, daß sie schwarze
Kartonvögel auf die Fensterscheiben kleben, sie wollen
nicht immer das Hirn in Illusionen befangener Vögel da
abkratzen, und sie können keine Rücksicht auf mich nehmen. Aber ich hasse es, wenn Sachen auf Fensterscheiben
geklebt werden. Es macht so eine Scheiß-Atmosphäre.

Kann ich mich nicht präziser ausdrücken? Nein. Ich bin
dem Übel doch erst auf der Spur. Ich hab's noch nicht gefaßt und festgenommen.

Nebenan übt der Kinderchor, zu dem ich Mia gefahren
habe. Eine Blockflöte spielt betulich und fromm. «Ein
bunter Regenbogen» singen sie, den Kinderhit des Jahres,
und Regen fällt auf Kiefern draußen.

Welches Potential an Bosheit in mir ich unausgeschöpft
lasse! Ich könnte vieles so sehr hassen. Aber ich denke,
stop, vielleicht bin ich schuld, wie ich mich fühle. Alles
leuchtet doch im Grunde, alles ist lebendig. Das muß sich
nur zeigen, es ist wichtig! Das Leben ist keine Lappalie!
«Mit meinem Zauberstab schließe ich das Ozonloch und
mache, daß die Pandabären glücklich sind!» schreien sie
jetzt. Ich finde diese Kinderliedertexte so sehr, so sehr ...
Das Wort Scheiße drückt nach wie vor am besten aus, wie
ich sie finde. Die Sache Scheiße nicht; sie gefällt mir besser,
sie ist wenigstens natürlich.

Ich habe meinen Weihnachtsstern versehentlich ersäuft. Er
hatte sich so lang gehalten. Er stand in einem Übertopf, jeden Morgen war die Erde trocken. «Der säuft aber viel!»

freute ich mich. Dann wurde der Weihnachtsstern gelb. Ich hob ihn mit seinem Plastikeinsatz aus dem Übertopf: Alles brackes Wasser unter ihm, und seine Wurzeln waren durch den Plastik gebrochen und faul. Ich machte alles trocken, aber er verlor weiter Blätter. Platsch. Wieder eins.

«Wir tanzen mit, wir singen mit!» singen die Kindergärtnerinnen animierend. Ein kleines Kind gibt das ganze Lied lang keine Ruhe.

«Wer ist denn ‹wir›? Frau Steffens, wer ist denn eigentlich ‹wir›? Frau Steffens! Wer ist ‹wir›?»

Es kriegt keine Antwort.

Biographien

Edith Beleites

1953 in Bremen geboren, Studium der Anglistik und Politik, lebt in Hamburg, schreibt Romane und Reiseführer für Erwachsene und Jugendliche, übersetzt aus dem Englischen und Amerikanischen.

Françoise Cactus

– eigentlich Van Hove – begann ihre literarische Karriere mit 12 Jahren, als sie beim Schreibwettbewerb der Sektion Burgund den ersten Platz belegte und einen silbernen Kugelschreiber gewann. Später siedelte sie nach Berlin um und fand in der fremden Sprache zu ihrem frisch-frechen Mädchenstil zurück. Das hat sie mit ihrem Roman «Autobigophonie» und den «Abenteuern einer Provinzblume» (rororo rotfuchs 20950) bewiesen. Françoise Cactus singt und trommelt in den Gruppen Lolitas und Stereo Total.

Janice Deaner

Geboren 1966 in Port Huron /
Michigan, studierte Film in
Buffalo, Washington, D.C.,
und New York und wurde als
Filmemacherin ausgezeichnet.
Ihr erster Roman «Als der
Blues begann» war ein inter-
nationaler Bestseller. Im No-
vember 1999 erscheint ihr
zweiter Roman «Fünf Tage,
fünf Nächte» als Rowohlt
Paperback.

Foto © Claudia Jeczawitz

Foto © Sophie Anquez

Virginie Despentes

1969 in Nancy geboren, arbeitete in Massagesalons und
Peep-Shows, betrieb einen
Plattenladen und trat als Rap-
Sängerin auf, bevor sie zu
schreiben begann. Gleich mit
ihren ersten beiden Romanen
landete sie in Frankreich einen
überwältigenden Erfolg. Als
Rowohlt Paperback liegt ihr
Roman «Die Unberührte»
vor.

Doris Dörrie

Geboren am 26. Mai 1955 in Hannover. 1973–1975 Studium der Theaterwissenschaft und Schauspiel in den USA, 1975–1978 Studium an der Hochschule für Film und Fernsehen in München. Zwischen 1978 und 1981 mehrere Dokumentar- und Kinderfilme für das Bayerische Fernsehen und das ZDF. 1983 Kino-Spielfilmdebut für *Mitten ins Herz...* Der Film *Männer* wird 1986 auch in den USA ein Erfolg. 1988 Heirat mit Kameramann Helge Weindler. 1989 Geburt einer Tochter. Doris Dörrie lebt in München.

Beatrix Gerstberger

Geboren 1964 im Sauerland, studierte in Münster Politologie, Publizistik und Nordistik und arbeitete ein Jahr lang in Detroit für die «Nordamerikanische Wochenpost». Nach Abschluß der Henri-Nannen-Schule war sie Redakteurin beim «stern» und ist seit 1994 bei der «Brigitte» im Ressort Reportage und Kultur. Sie lebt in Hamburg.

Felicitas Hoppe

1960 in Hameln geboren, lebt als freie Autorin in Berlin. Bei Rowohlt erschien 1996 ihr Geschichtenband «Picknick der Friseure», für den sie u. a. mit dem «aspekte»-Literaturpreis des ZDF ausgezeichnet wurde, sowie 1999 ihr Roman «Pigafetta».

Foto © Martin Hemmi

Foto © Ekko von Schwichow

Zoë Jenny

1974 geboren, lebt und arbeitet in Basel. Sie veröffentlicht seit 1993 Kurzgeschichten in Literaturzeitschriften in der Schweiz, in Deutschland und Österreich. 1997 erschien bei der FVA ihr erster Roman, «Das Blütenstaubzimmer», für den sie mit mehreren Preisen ausgezeichnet wurde.

Foto © Robert Zuckermann

Elaine Kagan

Wurde in St. Louis, Missouri, geboren. Sie übernahm mehrere Filmrollen (unter anderem in Martin Scorseses «Good Fellas») und arbeitete für den Regisseur John Cassavetes. Elaine Kagan lebt in Los Angeles. Ihre Romane «Girls» (13699) und «Neues Spiel, neues Glück» (22277) sind im Rowohlt Taschenbuch Verlag erschienen. Der neueste Roman «Jennys Baby» erscheint im Januar 2000 im Rowohlt Verlag.

Binnie Kirshenbaum

Lebt in New York. Auf deutsch sind von ihr erschienen: «Ich liebe dich nicht und andere wahre Abenteuer» (dtv 11888), «Kurzer Abriß meiner Karriere als Ehebrecherin» (dtv 12135), «Ich, meine Freundin und all diese Männer» (dtv 24101).

Fanny Müller

Foto © NELE martensen

wohnt, ißt und arbeitet im Hamburger Schanzenviertel, «umzingelt von Punks mit Schäferhunden, die auf alberne Namen hören (auch die Herrchen) und den Insassen der umliegenden Altersheime, die überhaupt nichts mehr hören. Als Titanic-Kolumnistin sorgte sie dafür, daß alle Welt erfährt, wie lustig es bei Hochhaussprengungen, bei Rex Gildo und auf Esoterikmessen zugeht. Sie hat sich um die Volksbildung verdient gemacht. Das Schöne an Frau Müller ist, daß sie hübscher aussieht als ihre Kollegen und besser kochen kann. Sie sorgt sich um das Allgemeinwohl, indem sie Prinz Charles durch Hamburg verfolgt, so daß niemand nachher sagen kann, er habe von nichts gewußt. Sie sollte längst das Bundesverdienstkreuz …» (Susanne Fischer) Veröffentlichungen: «Geschichten von Frau K.», «Mein Keks gehört mir» (Weisser Stein), «Stadt Land Mord» (zusammen mit Susanne Fischer), «Das fehlte noch – Mit Röhm und Hitler auf La Palma» (Edition Tiamat).

Foto © Sven Paustian

Grit Poppe

Wurde 1964 in Boltenhagen (Ostsee) geboren. Sie studierte am Literaturinstitut in Leipzig und veröffentlichte Erzählungen und Kurzgeschichten. Von 1989 bis 1991 engagierte sie sich für die Bürgerbewegung «Demokratie Jetzt» (Bündnis 90) und arbeitete als deren Geschäftsführerin für das Land Brandenburg. Sie ist Mutter von zwei Kindern und lebt in Potsdam. Ihr erster Roman «Andere Umstände» erschien 1998 im Berlin Verlag.

Sapphire

– eigentlich Ramona Lofton – wurde 1950 in Fort Ord, Kalifornien, geboren. In New York studierte sie Modern Dance und unterrichtete lernbehinderte Kinder in den Slums von Harlem und der Bronx. Sapphire hat sich als Lyrikerin, als Performance-Künstlerin bei Poetry Slams und als Bürgerrechtsaktivistin einen Namen gemacht. Ihr Roman «Push» erschien 1998 als deutsche Erstausgabe im Rowohlt Verlag.

Foto: Becket Logan

Silvia Szymanski

Geboren 1958 in Merkstein/Rheinland. Sängerin, Gitarristin und Songschreiberin der weiblichen Rockband The Me-Janes. Lebt heute in Übach-Palenberg, der unbekannten Heimstatt der Gegenwartsliteratur. «Chemische Reinigung», ihr erster Roman, erschien 1998 bei Reclam Leipzig. «Kein Sex mit Mike», eine Sammlung skurriler erotischer Geschichten, erscheint bei Hoffmann und Campe.

Foto: Markus Jansen

Weitere Hinweise zum Copyright

*Die Originaltitel der in dieser
Anthologie erstmals auf deutsch
veröffentlichten Beiträge lauten:*